Shade 3D ver.15
CG テクニック ガイド

COLOR INDEX

「Shade 3D」の基礎（→第1章）

「Shade 3D」の基本操作

● 直線移動

「矢印」をドラッグすることで、「直線移動」ができます。
図では、赤い矢印の部分をドラッグしたので、真横に平行移動しています。

 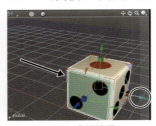

マニピュレータの矢印部分をドラッグで直線移動

● 回 転

「円弧」をドラッグすると、「回転」ができます。

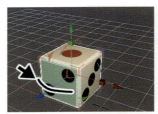 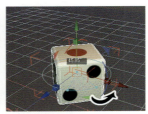

円弧の部分をドラッグで回転

● 拡大縮小

「立方体」をドラッグすると、「拡大縮小」ができます。

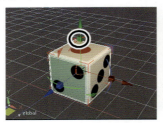 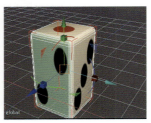

四角い部分をドラッグで拡大縮小

初級編（→第2章）

表面材質

「拡散反射」の四角部分をクリックすると、色設定用のウインドウが開きます。

「色の設定」ウインドウで色を選ぶ

「拡散反射」で設定した色が「透視図」の「天板」の色に反映されているのが分かります。

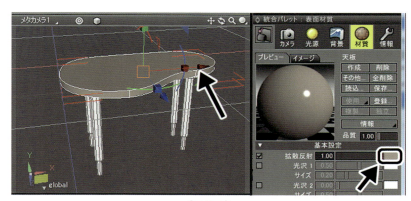

色が反映

COLOR INDEX

「脚パート」も、同様に色を設定してみましょう。

パートごと材質を設定すると、パートに含まれるものすべて同じ材質が割り当てられる。

「Shade 3D」の基本操作

テーブルの脚部分は「金属」のような質感を設定していきます。

「拡散反射」を灰色にし「反射」のスライダを上げる

初級編（第2章）

ライト

　「無限遠光源」の特徴は、太陽光のように均一で平行な光であることです。均等に光が当たっていることが確認できます。

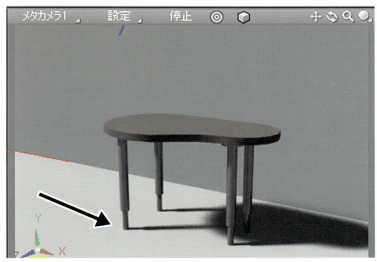

無限遠光源。均等に光が当たっており、「影」が平行になっている。

　「環境光」は、全体を均質に明るくするので、擬似的な照り返しの役割を果たすこともあります。

環境光。均質に明るくなる。使いすぎると、立体感に乏しい絵になる

*

COLOR INDEX

　擬似的な「照り返し」として使う「無限遠光源」は、不自然にならないよう、「影」のスライダを「0」にしたり、「ソフトネス」を強めに設定するのがコツです。

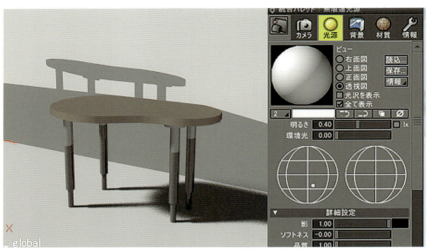

「無限遠光源2」を設定。「影」が不自然

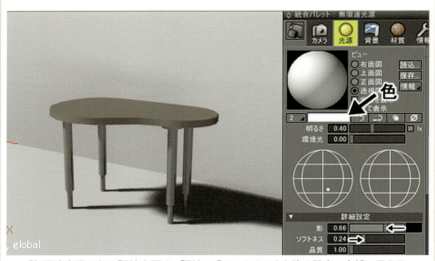

「無限遠光源2」の「影」を弱く、「影」の「ソフトネス」を強く設定。自然に見える

「点光源」は、光源の中心から360度全方位に広がる光です。
「電球」のような光源と考えればいいでしょう。

点光源。光源の中心から全方位に広がる光

「スポットライト」は、光に方向性があるのと、光が当たる範囲が限定的であるのが特徴です。

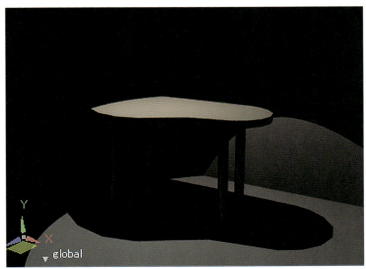

「スポットライト」は光に「方向性」と「範囲」がある

COLOR INDEX

「スポットライト」の「角度」と「ソフトネス」を調整したものが、こちらです。

「スポットライト」の「角度」と「ソフトネス」を調整

「線光源」は全方向に光りますが、「面光源」には、光に方向があります。

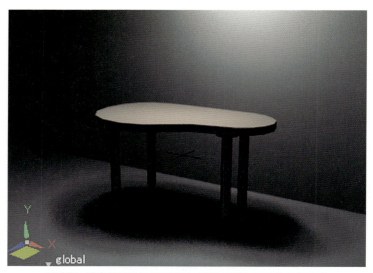

面光源、線光源は柔らかい光で、「影」がボケているのも特徴

初級編（第2章）

レンダリング

「レイトレーシング」は簡易的な表現になります。

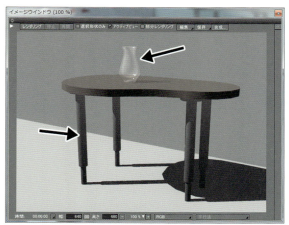

レイトレーシング（ドラフト）。「屈折」や「反射」などが反映されない

「パストレーシング」では、「レイトレーシング（ドラフト）」では反映されなかった「屈折」や「反射」もきちんと反映されます。

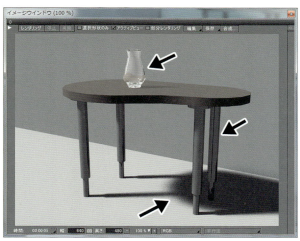

パストレーシング。「屈折」や「反射」「影」の「ソフトネス」なども反映される

COLOR INDEX

「トゥーンレンダラ」は、「アニメ風」「漫画風」などにレンダリングできる手法です。「Basic」では使えません。

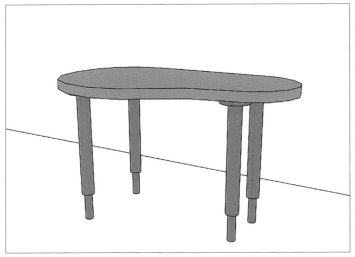

セル画風

漫画原稿風

応用編（→第3章）

素材を用意する

横向きの板の正面に縦の木目が出ています。

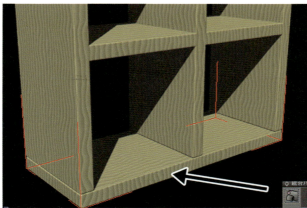

横向きの板の正面に縦の木目が出ているので
修正の必要がある

マッピングの投影を「Y」に変更しましょう。
これで、木目の方向が横向きになります。

「マッピング」にチェック。それ以外は
上位パートの材質設定が継承される

木目の方向が修正されました。これで、棚は完成とします。

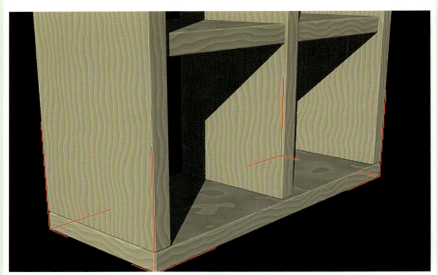

棚完成

部屋を飾る「観葉植物」を作ります。
「材質」を設定します。

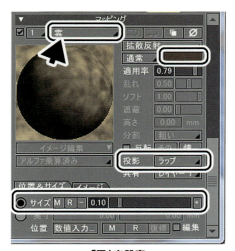

「雲」を設定

応用編（第3章）

マッピングの「2」で凸凹を設定していきます。

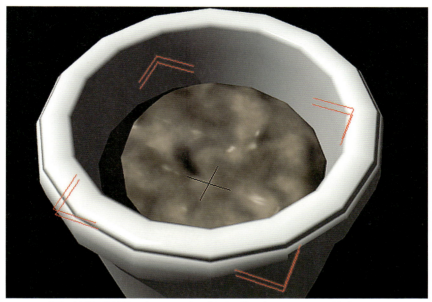

「雲／拡散反射」「スポット／バンプ」適用後。色むらと凹凸が出来ている

砂のような表現を加えて完成です。

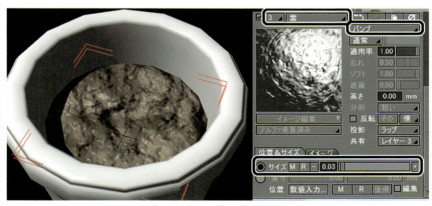

「3」に「雲／バンプ」を設定

ラップマッピング

「葉」の画像を用意します。
今回は実物をスキャンして加工することで作りました。

「葉」の画像を作成

読み込んだ画像は、「拡散反射」で適用します。

画像を「拡散反射」、投影方法は「ラップ」

応用編（第3章）

「透視図」を「プレビューレンダリング」にして確認してみましょう。

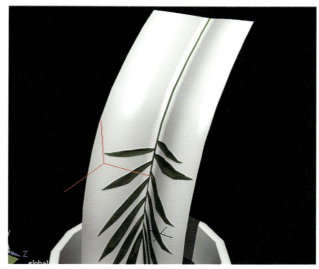

画像が逆さま

マッピングの下部にある「イメージ」のタブに上下逆にするチェックボックスがあります。

「イメージ」タブで上下を修正

15

COLOR INDEX

不要な部分を切り抜いて、葉らしく見せます。

黒い部分が切り抜かれた

「拡散反射」用の画像の、彩度を落としたものを「ボカし」たり、「コントラスト」を上げたりして、「バンプ」用の画像にすると、エッジに「ハイライト」が入ったり、「葉脈の凹凸」が表現され、より説得力があるように見えます。

画像をバンプで適用

後は、「複製／回転」で「自由曲面」を複製します。

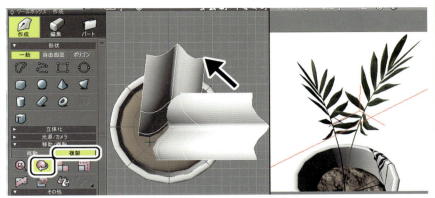

「自由曲面」を複製。単調にならないように加工

「葉」を増やしていって、完成です。

植物の完成

COLOR INDEX

「レンダリング」から「仕上げ」まで

最後の仕上げになります。
写真で言えば、「撮影」や「現像」の工程になります。

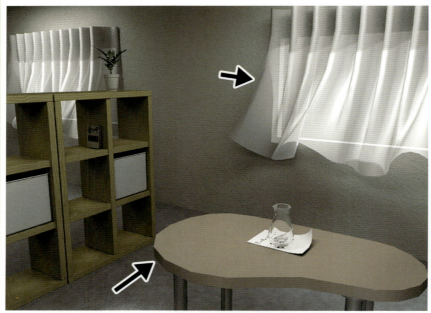

テストレンダリング。カクカクしている部分やテーブルの質感などが気になる

必要な部分だけ分割数を上げる方法で調整します。

完 成

COLOR INDEX

キャラクターモデリング（→第4章）

「顔」への「テクスチャ」の設定

一度、「顔」に「テクスチャ」（「目」や「口」の描かれたシール）を設定します。

テクスチャ設定前

テクスチャ設定後

　モデルに「テクスチャ」を貼り付けるために、「UV」の展開という操作を行ないます。
　本書では、下図のようなテクスチャを事前に作成しています。

キャラクターモデリング（第4章）

さっそく「UV」を展開します。

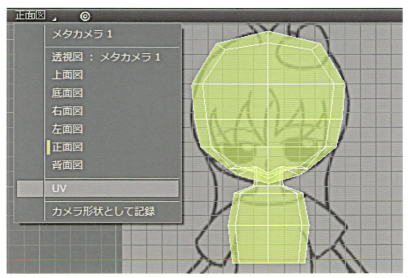

全体を「面選択モード」にする

「テクスチャ」の設定

「顔」の「テクスチャ」を読み込みます。

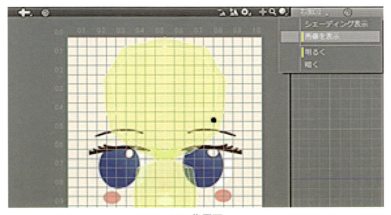

UV 作業図

COLOR INDEX

　「透視図」を「テクスチャ」の表示にすると、モデルに対してテクスチャの位置がズレていることが分かります。

テクスチャの位置が合っていない

　「モデル」と「テクスチャ」の位置を対応させます。

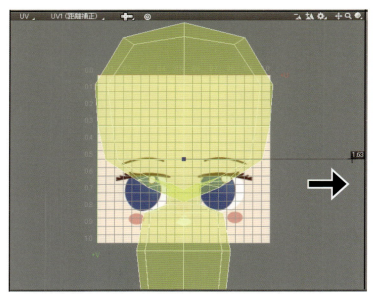

「Shift」押しながらマウスを外側にドラッグし UV 全体を均等に拡大

さらに、UVの「頂点」を下図のように移動させます。
　すると、「透視図」に表示されるとおり、顔の「モデル」と「テクスチャ」の位置が合うようになりました。

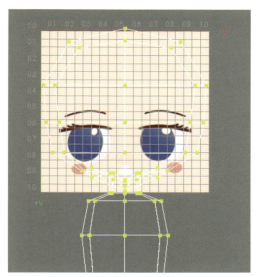

頂点全体を下に下げる

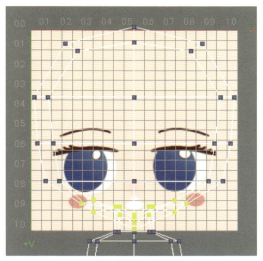

アゴの「頂点」を選択

COLOR INDEX

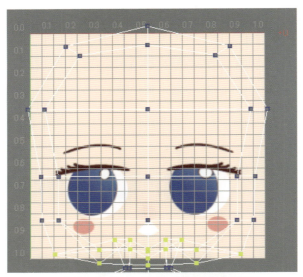

ツールボックスから、「頂点」を拡大縮小を選択。
マウスを外側にドラッグして「頂点」を外側に広げる

顔のモデルにテクスチャの位置が合う

キャラクターモデリング（第4章）

「表面材質」の設定

これまでモデリングしてきたモデルに、「色」（表面材質）を設定します。

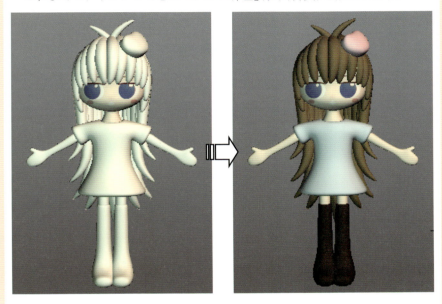

「表面材質」は、総合パレットの表面材質ウインドウより設定します。

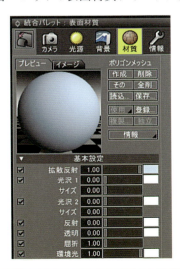

25

COLOR INDEX

モデルへの色の割り当て

「拡散反射」の四角エリアを左クリックすることで、「色の設定」ウインドウが表示されます。

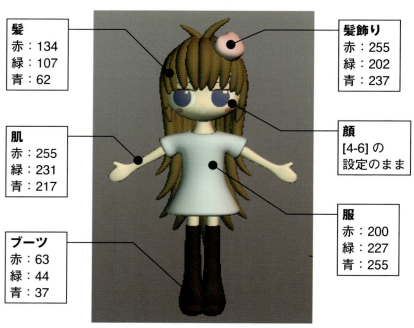

髪
赤：134
緑：107
青：62

髪飾り
赤：255
緑：202
青：237

肌
赤：255
緑：231
青：217

顔
[4-6]の
設定のまま

ブーツ
赤：63
緑：44
青：37

服
赤：200
緑：227
青：255

キャラクターモデリング (第4章)

「ジョイント」の設定

　「肩」や「股関節」のように360度の回転動作が行なえる関節には「ボールジョイント」を使います。
　「ボールジョイント」を使うと、自由な回転動作ができます。

COLOR INDEX

　一方、「肘」や「膝」のように1方向にしか回転できない関節には「回転ジョイント」を使います。

　「ジョイント」の動きと各モデルとを関連付けるために、「バインド」という操作を行ないます。

顔モデルのすべての「頂点」を選択

キャラクターモデリング（第4章）

キャラクターのポージング

　操作したいジョイントをブラウザから選択し、「統合パレット」の「情報」から好きなポーズになるようジョイントを動かしましょう。

レンダリングの補正

さっそく「レンダリング」します。
すると、下図の2点が気になります。
(A) 全体にノイズがかかっている
(B) 画像全体が暗い

画面全体が暗い場合は、「色補正」が有効です。

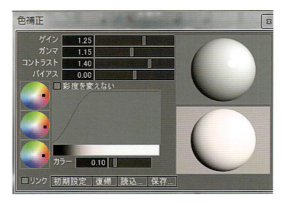

キャラクターモデリング（第4章）

　「ノイズ」もなくなり、「明るさ」や「コントラスト」も適切なイメージになりました。

COLOR INDEX

　本章の「キャラクターモデリング」では、「顔」の「目」や「口」はモデリングしておらず、「テクスチャ」で表現しています。

はじめに

私が「Shade」の解説書を初めて執筆したときは、まだ「Shade」は「10」でした。

それがバージョンを重ねて、名前が「Shade」から「Shade 3D」と改められたり、「UI」が大きく変更されたりしました。

「ver.15」になって、発売元も変わるなど、「Shade 3D」も進化と変革を遂げてきました。

私個人の技術も進化を続けていきたいと思うと同時に、解説のほうでも少し変革と進化を、と考え、本書は共著という形となりました。

＊

本書を手に取っていただいた皆様、ありがとうございます。

本書が「Shade 3D ver.15」を始める方に、少しでもお役に立つことを祈っております。

加茂恵美子

Shade 3D ver.15 CG テクニックガイド

CONTENTS

- COLOR INDEX ……………………………………………………… 2
- はじめに …………………………………………………………… 33
- 「Shade 3D」の種類と価格 ………………………………………… 36
- サンプルのダウンロード …………………………………………… 38

第1章 「Shade 3D」の基礎

- [1-1]「Shade 3D」とは ……………………………………………… 40
- [1-2]「Shade 3D」の基本操作 …………………………………… 42

第2章 初級編

- [2-1] モデリング …………………………………………………… 70
- [2-2] 表面材質 …………………………………………………… 83
- [2-3] ライト ………………………………………………………… 90
- [2-4] レンダリング ………………………………………………… 100

第3章 応用編

- [3-1] 素材を用意する …………………………………………… 108
- [3-2]「カメラ」「ライト」の設定をする …………………………… 140
- [3-3]「レンダリング」から「仕上げ」まで ……………………… 143

CONTENTS

第4章　キャラクターモデリング

- [4-1] 「ポリゴンモデリング」のすすめ ……………………… 150
- [4-2] 「テンプレート」の設定 …………………………………… 150
- [4-3] 顔の素の作成 ……………………………………………… 153
- [4-4] 「顔」の作成 ……………………………………………… 159
- [4-5] 「首」の作成 ……………………………………………… 166
- [4-6] 「顔」への「テクスチャ」の設定 ……………………… 170
- [4-7] 「髪の毛」の作成 ………………………………………… 174
- [4-8] 「服」の作成 ……………………………………………… 183
- [4-9] 「腕」の作成 ……………………………………………… 192
- [4-10] 「足」「ブーツ」の作成 ………………………………… 195
- [4-11] 「髪飾り」の作成 ………………………………………… 199
- [4-12] 「表面材質」の設定 ……………………………………… 200
- [4-13] 「ジョイント」の設定 …………………………………… 202
- [4-14] 「レンダリングシーン」の設定 ………………………… 217
- [4-15] レンダリング～作品の完成 …………………………… 219

索 引 ……………………………………………………………… 222

「Shade 3D」の種類と価格

■ 価格

　「Shade 3D」には、執筆現在、「Basec」「Standard」「Professional」の3つがあります。

Shade 3D Basic ver.15	¥9,800
Shade 3D Standard ver.15	¥40,000
Shade 3D Professional ver.15	¥80,000
Shade 3D Basic ver.15 アカデミック	¥7,800
Shade 3D Standard ver.15 アカデミック	¥20,000
Shade 3D Professional ver.15 アカデミック	¥40,000

　各グレードには、「ダウンロード版」があります。

Shade 3D Basic ver.15	¥8,500
Shade 3D Standard ver.15	¥33,050
Shade 3D Professional ver.15	¥66,600

　1年間有効な「サブスクリプション版」があります。こちらは、「Professional版」のみです。

Shade 3D Professional 1年版	¥28,800

■ 機能の違い

　各グレードの機能の違いを抜粋して紹介します。
　すべての違いについては、下記を参照してください。

```
https://shade3d.jp/product/shade3d/v15/compare.html
```

「Shade 3D」の種類と価格

モデリング	頂点カラー：焼き付け	-	○	○
	リプリケータ	-	○	○
	ヘアーサロン	-	○	○
	ヘアーサロン　衝突判定・重力と慣性によるヘアアニメーション	-	-	○
表面材質	LSCMUVのアンラップ機能	-	○	○
	材質パラメータ　ボリューム(ボリュームレンダリング)	-	○	○
	ディスプレイスメントマッピング	-	○	○
	材質パラメータ　サブサーフェススキャタリング	-	-	○
カメラ／ライト／背景	フィジカルスカイ	-	○	○
	ボリュームライト	-	○	○
	レイトレーシングでの影のソフトネス対応	-	-	○
	配光光源（IESデータ）	-	-	○
レンダリング	最大レンダリングサイズ(ピクセル)	2K：2,500x2,500	4K：4,500x4,500	8K以上：22,528x22,528
	トゥーンレンダラ	-	○	○
	マルチパスレンダリング	-	○	○
	マルチパスレンダリング／サンプル数	-	○	○
	表面材質／光源の品質調整	-	-	○
	照度調節	-	○	○
	大域照明：パストレーシング＋フォトンマッピング	-	○	○
	グローエフェクタ	-	簡易版	○
	レンダリング履歴	-	-	○

サンプルのダウンロード

本書のサンプルデータは、サポートページからダウンロードできます。

http://www.kohgakusha.co.jp/support.html

ダウンロードしたZIPファイルを、下記のパスワードを大文字小文字に注意して、すべて半角で入力して解凍してください。

LhtT5fEqA78

※パスワード付きZIPファイルがうまく解凍できない場合は、別の解凍ソフトなどをお試しください。

体験版のダウンロード

「Shade3D ver.15体験版」は、公式サイトからダウンロードできます。

https://shade3d.jp/product/shade3d/v15/trial/index.html

●体験版の制限事項

体験版には、次の制限事項があります。

- ・試用期間:30日間
- ・レンダリング解像度:640×480 ピクセルまで
- ・レンダリング画像:レンダリングされたイメージの全面にShadeロゴが表示されます
- ・「ShadeGrid」非対応

※体験版にはサポートサービスは付属していないため、ご使用方法についてのお問い合わせはお受けできません。あらかじめご了承ください。

●各製品名は一般に各社の登録商標または商標ですが、®およびTMは省略しています。

第1章

「Shade 3D」の基礎

この章では、実際に「Shade 3D」を使う前に覚えておいてほしい、基礎知識の部分を解説します。

基礎的な内容ばかりで、退屈に感じるかもしれません。しかし、初めて3Dに挑戦する人、初めて「Shade 3D」を使う人は、まず慣れるためにも、この章で基礎知識を覚えておいたほうが、2章以降の作業がスムーズになると思います。

すでに「Shade 3D」をある程度使ったことがある方は、軽く流し読みでいいと思います。

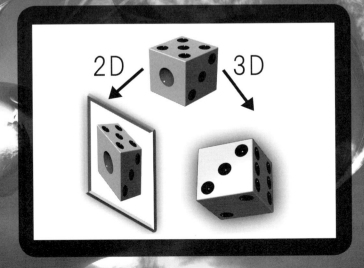

第1章 「Shade 3D」の基礎

1-1 「Shade 3D」とは

■ 3D-CG とは

「Shade 3D」は「3D-CG」を制作するためのソフトです。
では、「3D-CG」とはどういうものか、念のために確認しておきましょう。

　　　　　　　　　　　＊

「CG」は「コンピュータ・グラフィック」つまりコンピュータで作られた絵ということになります。

では、「3D」とは何でしょうか。
「3D映画」などを見た経験のある方も多いと思います。
漠然と「飛び出す感じ」が3Dと誤解される場合がありますが、「3D」は「3次元空間」、つまり「立体」です。
「3D-CG」とは「立体をコンピュータで作った絵」ということになります。
いくらリアルに陰影を付けても、平面に書かれた絵は、「2D」です。

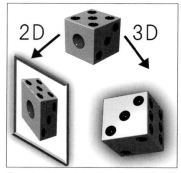

「2D」と「3D」の違い。「3D」は立体

「2D-CG」は、平面に絵を描くのに似ていますが、「3D-CG」を作る手順は粘土で立体を　「2D-CG」は、平面に絵を描くのに似ていますが、「3D-CG」を作る手順は、粘土で立体を作る作業に似ています。

粘土で作った作品をネットなどで発表しようとした場合、「①形を作り、②色を塗り、③光を当てて、④撮影する」といった作業が必要になります。

同様に、3D-CGの場合は、

① モデリング（形を作る）
② 材質設定（色を塗る）
③ ライティング（光を当てる）
④ レンダリング（撮影する）

という工程が必要になってきます。

[1-1] 「Shade 3D」とは

■ Shade の特徴

　「Shade 3D」は比較的手ごろな価格でありながら、「モデリング」から「レンダリング」までの一連の作業がすべてこなせるソフトです。

　「Basic」「Standard」「Professional」と3つのグレードがあるので、価格や用途に応じて選ぶといいでしょう。

　まったく3D-CGの経験がなく、「とりあえず使ってみたい」という方は、いちばん安価な「Basic」から始めて、慣れてきたら多くの機能が使えるようグレードを上げる、という手もあります。

　ちなみに、この本では、どのグレードのユーザーでも役に立つように、配慮しながら執筆しています。

＊

　最大の特徴は、「**自由曲面**」によるモデリングでしょう。

　多くの「3D-CG」ソフトは「**ポリゴンメッシュ**」という、「面」を張っていく手法で立体を作っていきます。

　もちろん「Shade」でも「ポリゴンメッシュ」を扱うことができます。

　しかし、「ポリゴン」だけでなく、「ベジエ曲線」を用いて立体を作っていく、「自由曲面」という手法が使えるのが「Shade 3D」最大の特徴とも言えます。

　立体を輪郭からとらえるタイプの方や「AdobeIllustrator」などベジエ曲線の扱いに慣れた方には、非常に扱いやすい手法だと言えます。

＊

　「ポリゴンメッシュ」と「自由曲面」は、それぞれに特徴や利点があるので、状況に応じて効率のいいほうが選べるように、どちらも使えるようになることをお勧めします。

　私の場合は、キャラクターで言えば、「顔」や「体」は「ポリゴンメッシュ」、「衣装」や「髪の毛」は「自由曲面」で作る場合が多いです。

　個人の向き不向きや嗜好にもよるかと思いますが、工業製品的なものは「自由曲面」が、キャラクター的なものは「ポリゴンメッシュ」が向いているように思います。

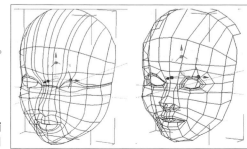

左：自由曲面
右：「ポリゴンメッシュ」

第1章 「Shade 3D」の基礎

1-2 「Shade 3D」の基本操作

では、さっそく「Shade 3D」を起動してみましょう。

＊

初めて3Dに挑戦する方は、たくさんのアイコンやウインドウに驚くかもしれません。

実際に、簡単な操作をしながらアイコンやウインドウの大まかな役割を覚えましょう。

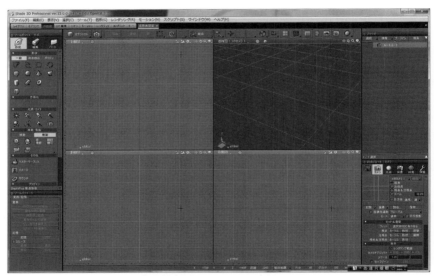

「Shade 3D ver.1 5」のウインドウ

■ 基本形状の作成

まずは、「基本図形」を作りながら、「Shade 3D」の画面の使い方を覚えましょう。

＊

次の図の矢印の部分を確認してください。**「ワークスペース・セレクタ」**と言います。

慣れれば、好みや作業内容で変えるようにすればいいのですが、本書では特に指示がない場合は、**「四面図」**で作業を進めていきます。

この部分が「四面図」になっていない場合は、「四面図」と書かれてある部分をクリックして、切り替えておいてください。

[1-2]「Shade 3D」の基本操作

「ワークスペース・セレクタ」で四面図に切り替え

次に、右の図の矢印の部分「**ツールボックス**」を見てください。立体を作り、編集するための道具が揃っている部分です。

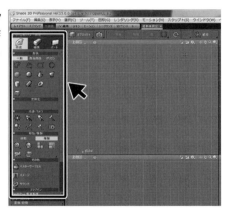

ツールボックス

では、実際に基本的な図形を作ってみましょう。
まずは「直方体」を作ってみます。

[1] ツールボックスの上部を見てください。
ここでは、基本形状を作るので、「作成」のアイコンを選びます。
アイコンの背景が黄色の状態になったら、そのアイコンが選択されている、という意味です。

ツールボックスの「作成」の中にもいくつか項目がありますが、ここでは「形状」という項目を使います。

第1章 「Shade 3D」の基礎

形状の中にも「一般」「自由曲面」「ポリゴン」の3つの項目があります。

ここでは、練習で「一般」を選んでみましょう。「一般」の部分をクリックして黄色の状態にしてください。

「形状」「一般」の中にいくつかな形のアイコンがあります。

ここでは、立方体のアイコンをクリックして、背景が黄色の状態にしてください。

これでボックス状の立体を作成する準備ができました。

形状の「一般」「直方体」を選択

もし、ツールボックスの「形状」の項目が図のようになっていたら三角の部分をクリックして開きます。

このように三角のマークがついている項目は、開いたり、たたんだりできます。

必要のないときはたたんでおいて、必要な項目を見やすくするといいでしょう。

三角のマークをクリックすることで、開いたりたたんだりできる

[2] では、「直方体」を作っていきましょう。

まずは、四つに分割されている画面の左上のエリアで、斜めにドラッグします。

ドラッグした軌跡が対角線になるような長方形が描けます。これが直方体の**「底面」**になります。

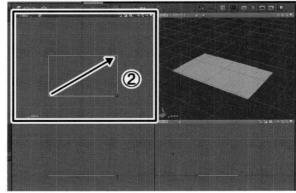

底面を描く

[1-2]「Shade 3D」の基本操作

[3] 左下のエリアか、右下のエリアをよく見てください。

直線のようなものが確認できます。

その辺りから上向きにドラッグしてください。ドラッグした軌跡が高さとなる「直方体」が出来上がります。

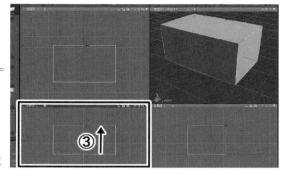

高さを指定

これで、「直方体」の完成です。

■ 四面図の役割

ここで、四分割されている図面の使い方を確認しておきましょう。

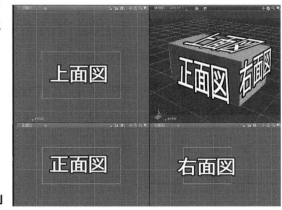

四面図の役割

デフォルトでは、上の図のように割り当てられていますが、図面の名前が書かれてある部分をクリックすれば、切り替えることができます。

特に、「右面図」「左面図」の切り替えは今後必要になってきます。

四面図の割り当ては変更可能

第1章 「Shade 3D」の基礎

立体を作るには、いくつかの方向から立体を確認しながら作業する必要があります。そのとき、重要になってくるのが、右上の**「透視図」**の使い方です。

シンプルな「直方体」では分かりづらい部分もあるので、ここからはサンプルデータの「サイコロ.shd」を使って解説します。

---

[1]「ファイル」→「開く」で、「サイコロ.shd」を開いてください。

「ファイル → 開く」で
サンプルデータを開く

[2] サイコロのファイルを開いたら、「透視図」右上の、右端のマークをクリックしてください。メニューが開きます。

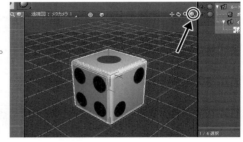

「透視図」の右上、
右端のマークをクリック

[3]「透視図」の表示方法を選択します。
　開いたメニューの内、黄色いマークがついているものは、現在選択状態であることを示しています。
　　「テクスチャ+ワイヤフレーム」を選択してください。
　　「テクスチャ」(画像) が設定されているデータであれば、「テクスチャ」と**「ワイヤフレーム」(立体を構成する線)** が表示されます。

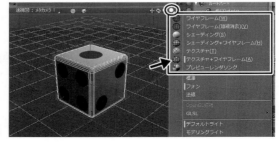

表示方法を選択

[1-2]「Shade 3D」の基本操作

Memo
その他の表示方法も試してみましょう。
透視図以外も同様に表示方法を切り替えることが可能です。
本書では、主に「透視図」以外では「ワイヤフレーム表示」を使い、「透視図」は「シェーディング+ワイヤフレーム」を使って解説することが多いです。
作業に合わせて切り替えられるのが理想です。

[4] 次に、立体感を理解しやすいように、モデリング用の**「ライト」**を設定します。

デフォルトで設定されている「デフォルトライト」では、部分的に暗すぎてモデリングしづらい場合もあります。

好みもありますが、はじめは「モデリングライト」が見やすく、かつ、立体感も確認しやすいので、**「モデリングライト」**をクリックして選択状態にしておきましょう。

「モデリングライト」を設定していれば、**「モデリングライトタイプ」**を選ぶことができます。

「モデリングライトタイプ」にマウスを乗せるとメニューが現われ、「タイプ1」〜「タイプ6」まで選ぶことができます。

好みで選ぶといいのですが、個人的には「タイプ1」や「タイプ2」が好みです。

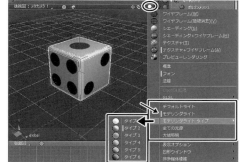

「モデリングライトタイプ」を選ぶ

■「マニピュレータ」の使い方

基本図形を作っていると、「透視図」に三方向に伸びた矢印のようなものが表示されることに気がついたと思います。

これは、「マニピュレータ」と言います(正面図や側面図では矢印は二方向に見えます)。

これは、「移動」「回転」「拡大縮小」の作業を簡単に行なうためのものです。使い方を覚えておきましょう。

総合マニピュレータ

第1章 「Shade 3D」の基礎

● **直線移動**

「矢印」をドラッグすることで、「直線移動」ができます。

図では、赤い矢印の部分をドラッグしたので、真横に平行移動しています。

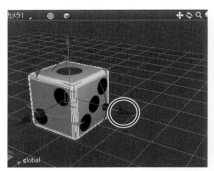 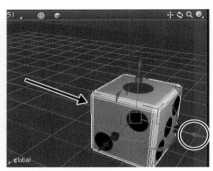

マニピュレータの矢印部分をドラッグで直線移動

方向を固定したくない移動の場合は、「マニピュレータ中央」をドラッグしましょう。

● **回 転**

「円弧」をドラッグすると、「回転」ができます。青い矢印の中程にある円弧の部分をドラッグしてみましょう。回転しているのが分かります。

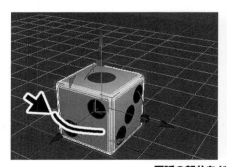 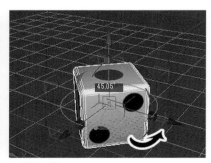

円弧の部分をドラッグで回転

● **拡大縮小**

「立方体」をドラッグすると、「拡大縮小」ができます。緑の矢印の中程にある、四角い部分を上下にドラッグしてみましょう。上下方向のみ、拡大縮小されているのが分かります。

[1-2]「Shade 3D」の基本操作

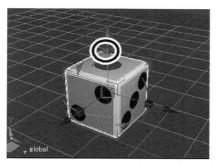
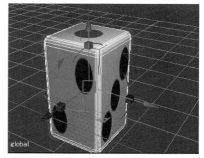

四角い部分をドラッグで拡大縮小

このように、「マニピュレータ」を使えば、方向を固定して立体を「移動」「回転」「拡大縮小」できます。

■ カメラ操作と作業図面の操作

もう少し、サイコロのファイルを使って練習します。
立体を作っていくとき、さまざまな角度から立体を確認する必要があります。
また、ズームして細かい部分を作り込んだり、逆に、引いて全体のバランスを確認したりする必要もあります。

作業をスムーズに進めるために、実際にモデリングを始める前に、簡単に「透視図」の操作や、「正面図」「右面図」などを操作する方法に慣れておきましょう。

カメラ操作の方法はいくつかありますが、アイコンの上をドラッグする方法が分かりやすいのではないかと思います。

カメラ操作のアイコン

＊

実際にやってみましょう。
それぞれのマークの上でマウスをドラッグさせてみてください。

第1章 「Shade 3D」の基礎

 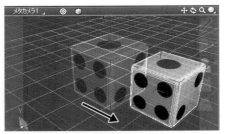

「スクロール」はドラッグすると平行移動して見える

 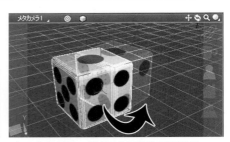

「パン」はマークの上でドラッグすると回転して見える

 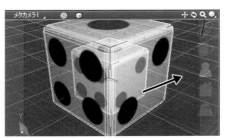

「ズーム」は上下にドラッグで大きく見えたり、小さく見えたりする

　これらをうまく利用して、透視図を使いこなしましょう。
　ここで念のために確認しておきますが、これらの見え方の違いは、形状が移動したり拡大縮小したのではなく、**カメラのほうが動いている**ためです。形状自体に変化はありません。

　「正面図」「上面図」「右面図」でも、基本的に操作は変わりません。

　カメラを動かしているうちに、図面上から見失ってしまうことも有るかもしれません。そういう場合は二重丸のようなアイコンをクリックすると、図面に選択形状が収まります。

[1-2] 「Shade 3D」の基本操作

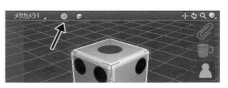

選択形状に合わせる

3Dに慣れるためにも、早めにカメラを自由に使えるようになりましょう。

サイコロのデータを使って、「6面すべて確認してみる」「目の部分を大きくしてみる」など、ある程度自由にカメラ操作ができるように練習してください。

■「線形状」を描く

そろそろ、基本図形だけでなく思い通りの立体を作りたいと思い始めたところかもしれませんが、もう少し基礎にお付き合いください。

＊

立体を作る前に、平面で思い通りの線を描けるようになる必要があります。簡単に線を描く練習をしましょう。

[1] ツールボックスの「作成」→「一般」の**「開いた線形状」**を選択(クリックしてアイコンの背景が黄色い状態)してください。

作業は「正面図」で行ないます。

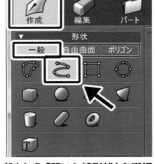

「作成」→「一般」から「開いた線形状」を選択

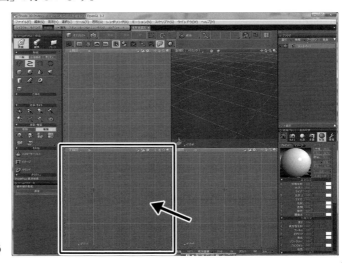

正面図を使う

第 1 章 「Shade 3D」の基礎

[2] 階段状の線を描きます。

クリックしていくと「コントロールポイント」(以下、「ポイント」)が作成され、次にクリックしたポイントと直線でつながります。

順にクリックしていき、最後のポイントを作ったらEnterキーを押します。

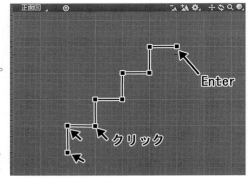

クリックでコントロールポイントが作成される

線形状を作成している途中は、青い線で描かれていたと思いますが、Enterキーを押すと、白い線になり、ポイントが見えなくなります。

これで階段状の「開いた線形状」は完成です。

次は、「曲線」を描く練習をしましょう。

[1] 先ほどと同様に、ツールボックスの「作成」→「一般」から「開いた線形状」を選択し、こんどはクリックではなくドラッグします。

するとポイントから「コントロールハンドル」(以下、「ハンドル」)が伸びます。

順にドラッグしてポイントを作っていき、最後はEnterキーを押します。曲線の「開いた線形状」の完成です。

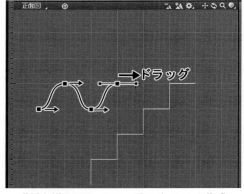

曲線を描くには、ドラッグでポイントを作成

[2] こんどは「閉じた線形状」を描いてみましょう。

「ツールボックス」の「作成」→「一般」から「閉じた線形状」のアイコンを選択します。

「開いた線形状」を描いたときと同様に、クリックやドラッグでポイントを作っていきます。

ドラッグで曲線にするときはドラッグで生成されるハンドルの長さや方向で曲線の生成のされ方が異なるのを確認しながら作業を進めましょう。

[1-2] 「Shade 3D」の基本操作

[3] 最後のポイントを作り終えたら、Enterキーを押します。

すると、最後に作ったポイントと、最初に作ったポイントが結ばれ、「閉じた線形状」になります。

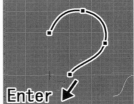

「閉じた線形状」を作成

[4] 「開いた線形状」を2つと「閉じた線形状」1つを書き終えたところです。

先に作った「開いた線形状」はグレーの線、今作った「閉じた線形状」は白い線で表示されているのを確認してください。

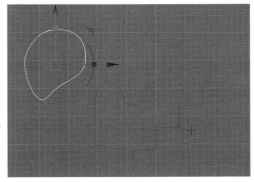

先に作った線は「グレー」で、今作った線は「白」で表示されている

■「オブジェクトモード」と「形状編集モード」

慣れないうちは、一度に思い通りの線を描くのは困難です。

まずは、大雑把に描いた後、修正して思い通りの線にしていくようにするといいでしょう。

＊

修正するには「形状編集モード」にする必要があります。そこで、ここで「オブジェクトモード」と「形状編集モード」の違いについて理解しておきます。

● オブジェクトモード

作った線が「グレー」や「白」で表示され、作っていたときに見えていたポイントやハンドルが表示されていない状態は、「**オブジェクトモード**」です。

図の矢印の部分を見てください。

「オブジェクトモード」のときは矢印に部分に「オブジェクト」と表示されています。

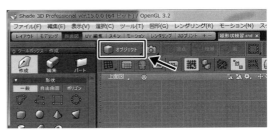

オブジェクトモード

第1章 「Shade 3D」の基礎

「オブジェクトモード」のときには、選択されているもの(ここでは最後に作った「閉じた線形状」)が白い線で表示されます。

「オブジェクトモード」のときは、選択されているものをマニピュレータで移動したり、回転したり、拡大縮小したりできます。

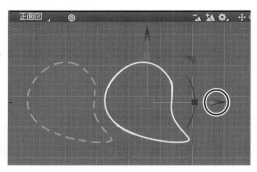

「オブジェクトモード」では、選択されているもの全体を、マニピュレータで移動、変形することが可能

「オブジェクトモード」で、選択対象を変更したい場合は、四面図上で選択したいものをクリックします。

試しに、曲線の「開いた線形状」をクリックしてみましょう。曲線が白くなり選択状態になりました。

先ほどの「閉じた線形状」はグレーの非選択状態になりました。

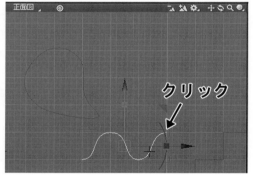

選択したいものをクリックすることで、選択状態に

● 形状編集モード

次は、「形状編集モード」について説明します。

図の部分をクリックして、モードを選択することで、切り替えができます。

「形状編集モード」に切り替え

[1-2] 「Shade 3D」の基本操作

　より簡単な「オブジェクトモード」から「形状編集モード」への切り替えは、選択形状をクリックすることです。

　「形状編集モード」でEnterキーを押すと、「オブジェクトモード」に切り替わります。

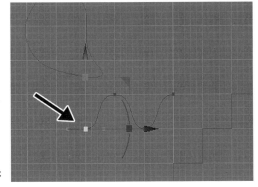

形状編集モード

＊

　「オブジェクトモード」で、曲線の「開いた線形状」が選択されている状態で、もう一度クリックしてください。
　「開いた線形状」が青くなり、ポイントも見える状態になりました。これは**「形状編集モード」**の状態です。

　「形状編集モード」になると、ポイント単位で編集できるようになります。

　ポイントを移動したり、ハンドルを調整するなどして、思い通りの曲線になるようにしましょう。

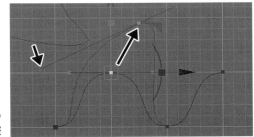

「ポイントを移動する」「ハンドルの長さや角度を変える」ことで調整

＊

　また、ツールボックスの「編集」にある「線形状」で「ポイント」や「ハンドル」の追加や削除もできます。
　まずは、次の6つは使えるようになってください。

　階段状に作った「開いた線形状」を用いて説明します。
　どれか1つポイントをクリックして、ポイントを黄色い状態（選択状態）にしてください。

ツールボックス→編集→線形状

55

第1章 「Shade 3D」の基礎

① スムーズ

ツールボックスの「編集」の「線形状」にある「スムーズ」をクリックすると、選択しているポイントにハンドルが生成されて、曲線になります。
(ハンドルのあるポイントに使った場合、ハンドルの長さが左右均等になります)。

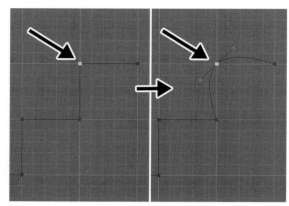

② アンスムーズ

ハンドルのあるポイントが選択された状態で、「アンスムーズ」をクリックするとハンドルが削除されます。

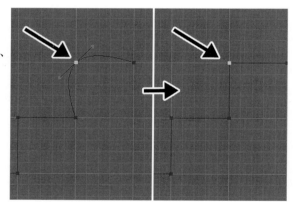

③「コントロールポイント」の追加

ツールボックスの「コントロールポイントの追加」をクリックした後、線形状を横切るようにドラッグします。

すると、ドラッグした軌跡と線形状の交点にポイントが追加されます。

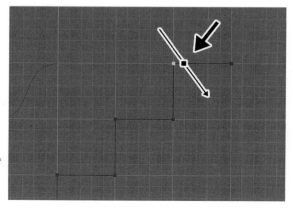

[1-2]「Shade 3D」の基本操作

④ **削 除**

「削除」をクリックすると、選択されているポイントが削除されます。

⑤ **接線ハンドルの作成**

「接線ハンドルの作成」をクリックした後、ポイントからドラッグするとハンドルが生成されます。

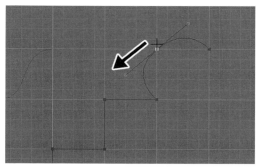

⑥ **接線ハンドルを折る**

「接線ハンドルを折る」をクリックした後、ハンドルをドラッグすると、左右のハンドルの連携が切れ、ハンドルを折ることが出できます。

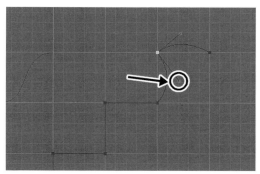

◀Point▶

慣れないうちは、一度に思い通りの曲線を描こうとするのではなく、大まかに書いた後でポイントやハンドルを修正するほうが効率的です。
　立体を作る前に、少しベジエ曲線を描くことに慣れておくといいでしょう。トランプのマークなどは「曲線」「直線」「コーナー」などの要素がすべて揃っているので、いい練習になります。

■「掃引体」を作る

「四面図」の使い方や「カメラ操作」を覚え、「開いた線形状」「閉じた線形状」を描けるようになったら、いよいよ**「立体」**を作ってみましょう。

＊

まずは**「掃引体」**という立体を作ります。

「掃引体」というのは、一般には聞かない表現ですが、「引っ張るようにして作られた立体」と理解しておけばいいでしょう。

第1章 「Shade 3D」の基礎

実際に作ってみましょう。「テーブルの天板」を作ります。

---

[1] ツールボックスの「作成」→「一般」から「閉じた線形状」を選び、上面図に「閉じた線形状」を描いてください。

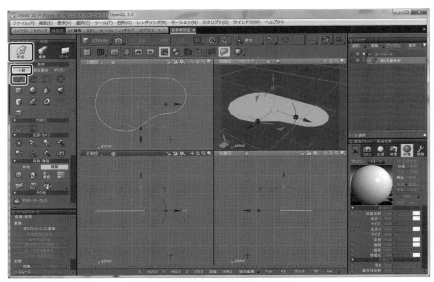

上面図に「閉じた線形状」を描く

[2] ツールボックスの「立体化」の左端のアイコンが「掃引体」を作るアイコンになります。これをクリックします。

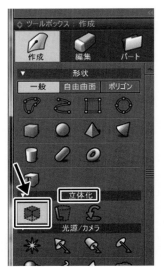

「掃引体」の作成

[1-2]「Shade 3D」の基本操作

[3]「掃引体」作成のアイコンを選択した状態で、先ほどの「閉じた線形状」を「正面図」で上方向にドラッグします。

すると、ドラッグした距離に合わせて厚みが付き、立体になりました。

これが「掃引体」です。

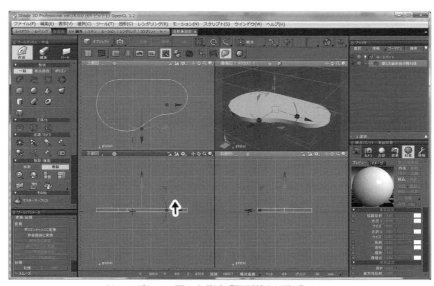

ドラッグして、厚みを指定「掃引体」が作成される

◆Point

「開いた線形状」でも、「掃引体」を作成できます。手順は同じです。「開いた線形状」を描き、「掃引」で引っ張るようにして立体にします。

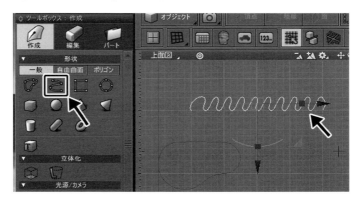

第1章 「Shade 3D」の基礎

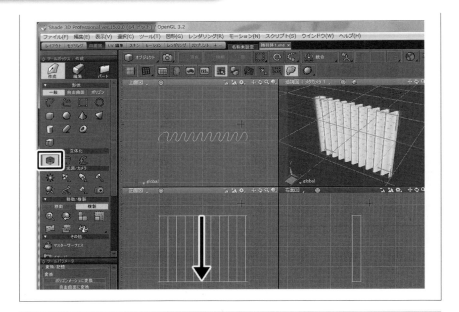

■「回転体」を作る

次に、「回転体」を作ります。
先ほど作った「テーブルの天板」の下に、「回転体」で作った「足」を付けてみます。

[1]「正面図」に「開いた線形状」で、図のようにテーブルの脚の断面右側を描きます。

このとき、「書き始め」のポイントと「書き終わり」のポイントの位置が縦に揃っているように気をつけましょう。

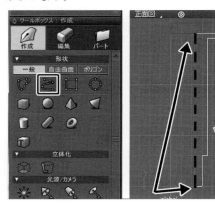

テーブルの脚断面右側を、
「開いた線形状」で描く。
「書き始め」と「書き終わり」
を揃える

[1-2]「Shade 3D」の基本操作

[2] 次に、「回転の軸」を指定します。
　「立体化」の「回転体」のアイコンをクリックして、回転の軸となる部分をドラッグします。
　このとき、「開いた線形状」の書き始めと書き終わりを結んだ直線上をドラッグするのがポイントです。
(軸は位置や方向を指定するものですから、長さは関係ありません。短くても大丈夫です)。

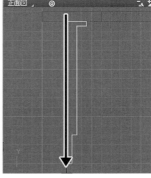

「回転体」の軸を指定

[3] これで「回転体」が作成されました。

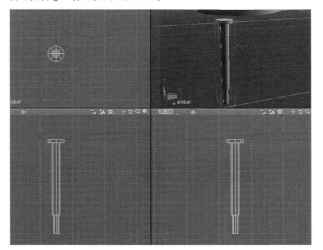

「回転体」の完成

　「閉じた線形状」でも、「回転体」を作ることが可能です。

　「回転体」が意図した形にならない場合、軸の位置が不適切であったり、軸が傾いている場合があります。
　断面を「正面図」で描いた場合は、軸も「正面図」で指定すると失敗が少ないです。

第1章 「Shade 3D」の基礎

> **Point**

「回転体」や「掃引体」は「復帰」を使うと、元の線形状に戻すことができます。

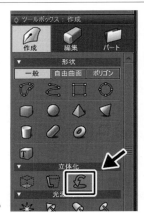

「復帰」掃引体や回転体を線形状に戻すことができる

また、「回転体」「掃引体」の状態で「形状編集モード」に切り替えることで、リアルタイムに修正することも可能です。

失敗しても、何度でも調整できるので、まずは「掃引体」「回転体」で作れる立体をたくさん作ってみましょう。

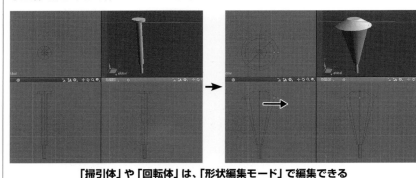

「掃引体」や「回転体」は、「形状編集モード」で編集できる

■ ブラウザの役割

この章の最後に、**「ブラウザ」**の役割について解説します。

＊

「ブラウザ」は、形状の選択や整理に重要な役割を果たします。

制作された形状は、「ブラウザ」に表示されます。これを「パート」にまとめるなどして、整理します。

形状が多くなればなるほど、「ブラウザ」での管理が大切になります。

[1-2] 「Shade 3D」の基本操作

矢印で囲んだ部分が「ブラウザ」です。

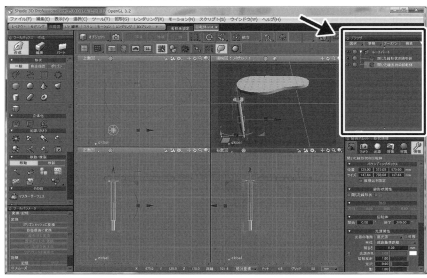

ブラウザ

先ほど作った「掃引体」の「天板」と「脚」が、「ブラウザ」でどのように表示されているか確認しましょう。

● **形状の選択**

「閉じた線形状の掃引体」と「開いた線形状の回転体」という2つの項目があるのが確認できます。

「開いた線形状の回転体」のほうは、文字の背景が明るくなっています。これは選択状態にあることを示しています。

ブラウザ上で「開いた線形状の回転体」が選択されている

四面図上でも、「開いた線形状の回転体」が選択されています。
このように、「ブラウザ」と「四面図」の選択状態は一致しています。

複雑な立体を作っていると、形状同士が重なり合っているなどして、四面図上をクリックして選択するのが困難になることがあります。
そういう場合は、「ブラウザ」を用いて選択すると効率的です。

第1章 「Shade 3D」の基礎

● **形状の複製**

ブラウザでは、形状の複製や削除なども可能です。
「開いた線形状の回転体」の複製を作ってみましょう。

[1] ブラウザ上で「開いた線形状の回転体」を選択した状態で、右クリックしてください。メニューがいくつか現われます。その中にある「コピー」を選択します。

コピー

[2] こんどは右クリックして「貼り付け」を選択してください。

これで、ブラウザ上には「開いた線形状の回転体」がもう一つ出来ました。

これで複製できたことになります。

貼り付け

[3] 繰り返して、「開いた線形状の回転体」を、全部で4つ作って見ましょう。

● **パートにまとめる**

形状が多くなると、ブラウザ上でも管理が大変になってきます。

たとえば、フォルダでファイルをまとめて管理するように、「パート」を利用してブラウザ上で管理しやすくします。

先ほど複製して4つにした「開いた線形状の回転体」は、テーブルの脚となるものですから、これを一つのパートにまとめてみましょう。

[1] ツールボックスのいちばん上のアイコンで「パート」を選択してメニューを切り替えてください。

パートのメニューの中に「パート」という項目があるので、これをクリックしてください。

「パート」をクリック

[1-2] 「Shade 3D」の基本操作

ブラウザに「パート」という項目が作られました。

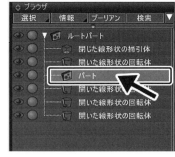

**ツールボックスの「パート」
で新規パートを作成する**

[2] 作ったパートに、先に作った4つの「開いた線形状の回転体」を格納しましょう。

「開いた線形状の回転体」を「パート」のところにドラッグ・アンド・ドロップします。

右の図のようになったらパートの中に「開いた線形状の回転体」が格納されている状態です。

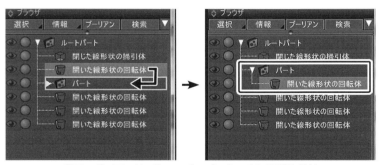

ドラッグ・アンド・ドロップでパートの中に形状を格納

[3] 同様に、残りの3つの「開いた線形状の回転体」もパート内に格納しましょう。

「Ctrlキー」(Macでは「commandキー」)を押しながらクリックすると、複数の形状を選択できるので、3つ一度にドラッグすると効率的です。

これで、4つの「開いた線形状の回転体」を1つのパートにまとめられました。

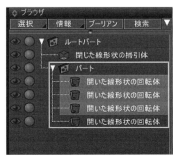

**4つの「開いた線形状の回転体」
を一つのパートにまとめる**

65

第1章 「Shade 3D」の基礎

● 名前の変更

ブラウザ上で、パートなどの名前を変更できます。たくさんの形状をより分かりやすく管理するためにも、パートに分かりやすい名前をつけておくことをお勧めします。

先ほど作ったパートの名前を変更してみましょう。

[1] ブラウザ上でパートを選択し、右クリックして表示されるメニューから「名前」を選択します。(Macでは「control + クリック)」)

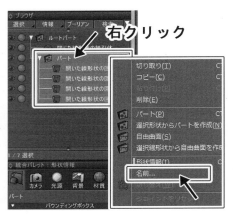

右クリックで「名前」を選択

[2] 名前を変更するためのウインドウが開きますので、新しい名前を入力しましょう。ここでは、テーブルの脚をまとめたパートなので「脚」と入力しました。

名前を入力

これで、パートの名前を「脚」に変更できました。

また、パートの▼のマークをクリックすることでパートの表示を開いたり閉じたりできます。必要に応じて表示を変えることで、ブラウザ上でより見やすく、管理しやすくなります。

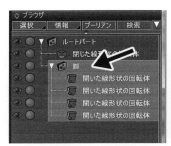

名前の変更と、パートの開閉でブラウザで管理しやすくなる

[1-2] 「Shade 3D」の基本操作

● 形状の表示非表示

ブラウザの左側にある目玉のアイコンで、形状を一時的に見えなくすることもできます。

複雑な立体を作っていると、パーツが多くなりがちですので、編集中でないものは表示しないでおくなどすると、作業がしやすくなることがあります。ここも、状況に応じて使えるようになりましょう。

試しに、「脚」の「開いた線形状の回転体」をすべて非表示にしてみましょう。

[1] 現在、「開いた線形状の回転体」は同じ位置に同じ形のものが4つ重なって存在する状態です。

「開いた線形状の回転体」の真横にある目玉のマークをクリックしてください。目玉のマークが消えます。4つすべてクリックしてみてください。

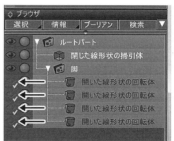

目玉のマークをクリックして消す

四面図を確認してみましょう。「開いた線形状の回転体」が非表示になりました。

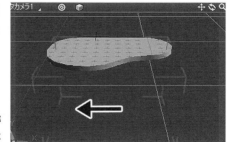

「開いた線形状」の回転体が非表示になった

[2] こんどは「開いた線形状の回転体」のうち、1つだけ目玉のマークをクリックして、再び表示状態にしましょう。

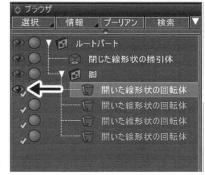

再びクリックで表示状態に

67

[3] 現在「開いた線形状の回転体」4つのうち一つだけ表示状態にしています。3つは非表示のままです。

　表示されている「開いた線形状の回転体」をテーブルの脚としていい位置にマニピュレータで移動しましょう。上面図で移動させると分かりやすいでしょう。

表示されている回転体を移動

[4] 次は2番目の「開いた線形状の回転体」を表示状態にします。
　表示された「回転体」もマニピュレータで移動させます。

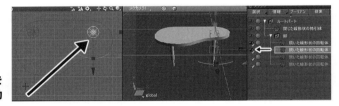

2番目の回転体を表示させて、移動

[5] 3番目、4番目も同様に移動させてテーブルを完成させます。

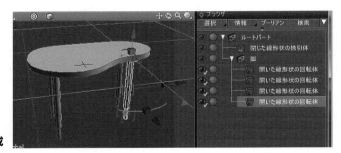

テーブルの完成

　後の章でまた使うので、名前をつけてファイルを保存しておいてください。

　目玉のマークはもう一度クリックするとデフォルトの状態に戻ります。
　これで、覚えておきたい基本操作は一通り紹介しました。
　ここまでの内容を覚えておくと、次の章以降でスムーズに作業が進むのではないかと思います。

第2章

初級編

前章では、「Shade 3D」の"基礎の基礎"の部分を紹介しました。
この章では、「Shade 3D」で作品を作るために必要な主な工程である「モデリング」「材質設定」「ライティング」「レンダリング」、それぞれについての、基本的な知識を身につけていきます。
これらの工程は、どれも必要不可欠なものですから、ここで基礎を身につけて、今後応用できるようにしておきましょう。

第2章 初級編

2-1 モデリング

　ここでは、主に、「Shade 3D」の特徴でもある**「自由曲面」**によるモデリングの基礎を解説していきます。

■「自由曲面」の生成

　「自由曲面」は、**「開いた線形状」**や**「閉じた線形状」**で構成されている立体です。**1章**で解説した「回転体」や「掃引体」も「線形状」から作りましたが、「自由曲面」はそれらよりも複雑な立体を作ることができます。

＊

　「自由曲面」の生成の方法はいくつかあります。

●「回転体」「掃引体」からのコンバート

　最も簡単なのは、「回転体」「掃引体」から「自由曲面」に変換することです。

　「回転体」を「自由曲面」にして、「水差し」を作ってみましょう。

---

[1]「ツール」の「作成」→「開いた線形状」で断面を描きます。

　その後、「立体化」の「回転体」で軸を指定し、「開いた線形状」の回転体にします。

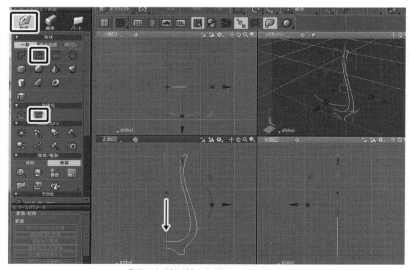

「開いた線形状」を描き、軸を指定

[2-1] モデリング

ブラウザ上でも「開いた線形状の回転体」という項目が出来ていることを確認しておきましょう。

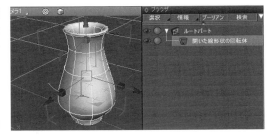

「開いた線形状」の回転体

[2] これを「自由曲面」に変換します。「回転体」を選択した状態で、**「ツールパラメータ」**で「自由曲面に変換」を押します。

「ツールパラメータ」はツールボックスの下部にあります。

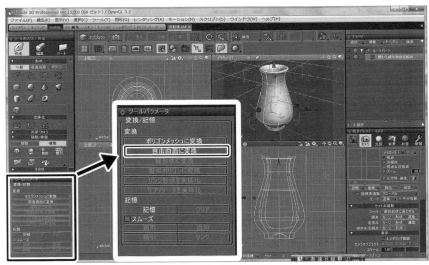

ツールパラメータで「自由曲面に変換」をクリック

[3] これで、「自由曲面」になりました。

「ブラウザ」を確認してみましょう。ブラウザ上の表記も「自由曲面」に変わっているのが分かります。

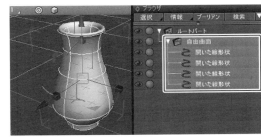

自由曲面に

第2章 初級編

「ブラウザ」に注目してみましょう。

「自由曲面」パートの中に「開いた線形状」が4つあります。それぞれクリックして確認してみましょう。図は「上面図」で確認したものです。

「自由曲面」パートのいちばん上の「開いた線形状①」は、上面図の①の位置にあります。2番目以降の「開いた線形状」も、ブラウザ上で1つ1つクリックして、オブジェクトのどこにあるか確認してみましょう。

②～④の「開いた線形状」が時計回りにあるのが分かります。

「自由曲面」は「開いた線形状」で構成されている。「ブラウザ」と「上面図」で確認

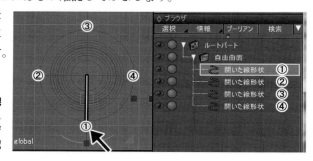

「自由曲面」に変換したことで、「線形状」一本一本で立体を編集できるようになりました。

試しに①の「開いた線形状」を編集してみましょう。

[1] ブラウザで①の「開いた線形状」を選択し、「形状編集モード」にします。

ポイントを囲むようにドラッグすると、囲まれた部分のポイントが選択状態になります。これを移動してみます。

形状が変形したのが分かります。

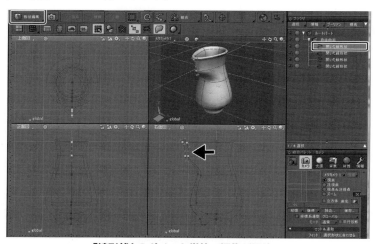

「線形状」のポイント単位で編集が可能に

[2-1] モデリング

[2]「Ctrl＋Zキー」(Macでは「command ＋ Zキー」)で、この操作を取り消して、もう少していねいに形状を編集していきます。

ここで、「自由曲面」パートを「切り替え」てみましょう。

後にもう少し詳しく解説しますが、「自由曲面」は「切り替え」をして、「線形状」に注目しながら編集するのがコツになります。

「切り替え」は、ブラウザで「自由曲面」パートを選択した状態で「ツールボックス」の「編集」→「線形状」から「切り替え」を選択することで可能です。
(ブラウザ上の右クリックのメニューにもあります)。

[3]「切り替え」をした「自由曲面」は、四面図上の見た目はまったく変化がありませんが、ブラウザ上では大きな変化があります。

もともと「開いた線形状」四本で構成されていた「自由曲面」が、切り替えをすることで、いくつかの「閉じた線形状」から構成された状態になります。

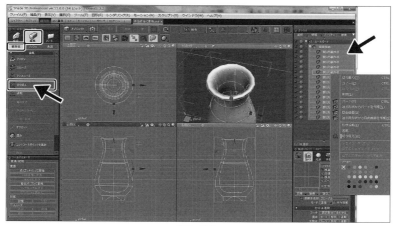

切り替え

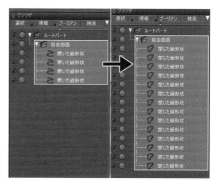

「自由曲面」の切り替え前と後の「ブラウザ」の状態

第2章 初級編

[4] たくさんの「自由曲面」パートの中に「閉じた線形状」がありますが、それぞれクリックしていって、「自由曲面」のどこにあるか、確認していきましょう。

切り替え前は「縦方向の線形状」でしたが、切り替え後は「円周方向の線形状」であることが分かります。

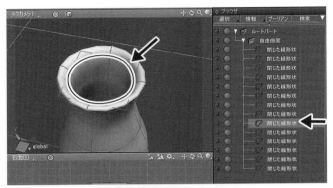

「自由曲面」を構成する「線形状」は、円周方向の「閉じた線形状」

では、実際に切り替えを使いながら、自由曲面の編集を練習してみましょう。「水差し」の「注ぎ口」を作っていきます。

[1] 「切り替え」で、「自由曲面」を「閉じた線形状」で構成された状態にしておきます。

[2] 「水差し」の「口」になる部分の「線形状」をクリックで選択した後、「形状編集モード」にします。

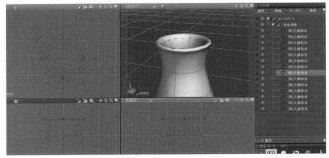

「口」の部分を選択した後、「形状編集モード」に

[2-1] モデリング

[3]「形状編集モード」にしたことで、「自由曲面」を構成している「閉じた線形状」を編集できるようになります。

　図の矢印の位置に「コントロールポイント」を2つ追加しましょう。

　「上面図」で作業すると分かりやすいと思います。

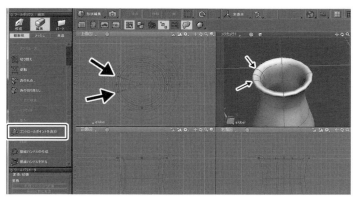

ポイントを2つ追加

[4] 再び「切り替え」で、こんどは縦方向の「線形状」に注目して、編集していきます。

　大きな矢印の「線形状」を選択し、正面図でポイントをマニピュレータを使って形を整えます。

　やや外に移動して、「水差し」らしく角度をつけるといいでしょう。

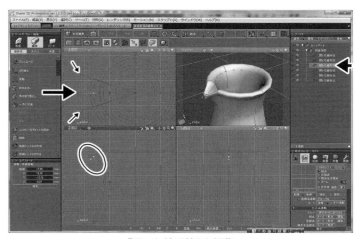

「開いた線形状」を編集

第2章 初級編

[5]「透視図」で立体感を確認して、「水差し」の完成です。
　このように、「自由曲面」は「切り替え」などを使って「線形状」を編集しながら立体を作っていきます。
　この段階でファイルを保存しておきます。

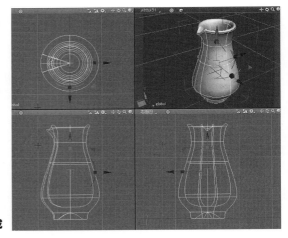

「水差し」の完成

●「掃引体」からのコンバート

　「掃引体」も、「自由曲面」に変換できます。
　まずは、**第1章**で作った、「カーテン」のような「開いた線形状の掃引体」を「自由曲面」に変換してみましょう。

[1] 先ほどと同様に、ブラウザで「開いた線形状の掃引体」を選択した状態で、「ツールパラメータ」の「自由曲面に変換」をクリックします。

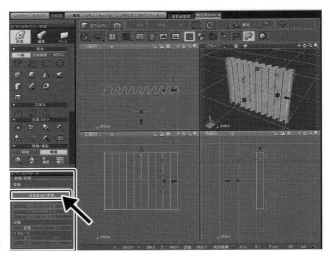

「開いた線形状の掃引体」を「自由曲面」に変換

[2-1] モデリング

[2] ブラウザを確認してみましょう。「開いた線形状」が2つの「自由曲面」パートになっていると思います。

それぞれの「線形状」がどの部分なのか、クリックで確認しておきましょう。

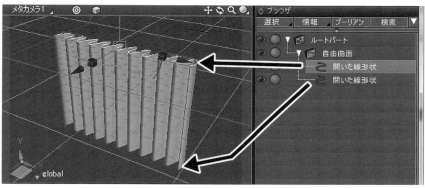

「開いた線形状」二本で構成された「自由曲面」に

[3] これを切り替えてみます。

縦方向の「開いた線形状」で構成された「自由曲面」になります。

これも、少し編集してカーテンらしくしてみましょう。

縦方向の「開いた線形状」にポイントを1つ追加します。

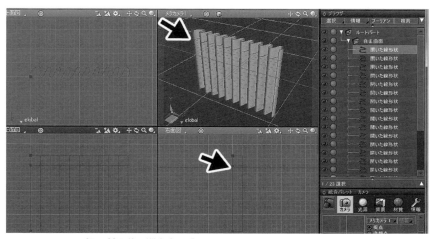

切り替え後、縦方向の「開いた線形状」にポイントを追加

第2章 初級編

[4] 再び切り替えて、いちばん下の「開いた線形状」を編集して、カーテンがなびいているような形状を作ってみます。

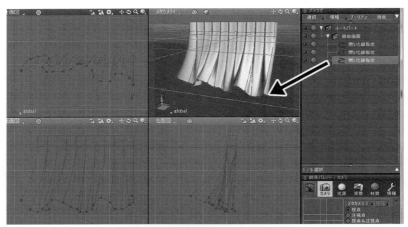

切り替え後、いちばん下の「線形状」を編集

[5] こんどは、「閉じた線形状」の「掃引体」を「自由曲面」に変換します。

　前章で作った「テーブルの天板」を「自由曲面」に変換してみましょう（「脚」は「非表示」にしてあります）。

　手順は同じ、「閉じた線形状」の「掃引体」を選択したのち、ツールボックスの「自由曲面に変換」をクリックです。

　すると、今回は次のように「閉じた線形状」が2つと「自由曲面」が1つで構成されたパートになっています。

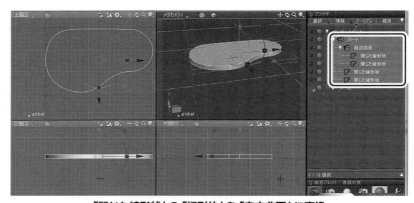

「閉じた線形状」の「掃引体」を「自由曲面」に変換

[2-1] モデリング

今までのように「掃引体」「回転体」が「自由曲面」1つに変換されているわけではありません。

それぞれの項目をクリックして、何がどこにあるか確認してください。

パートの中がどのようになっているのか、分かりやすいように移動させてみました。「閉じた線形状」や「自由曲面」は次のようになっているのを確認してください。

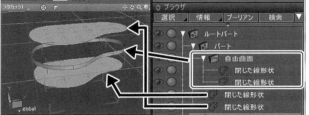

パートの構成

「自由曲面」なのは、筒状の部分、それに「閉じた線形状」が底、蓋をしているような状態です。

●「自由曲面」パートからの作成

「閉じた線形状」の「掃引体」から、「自由曲面」に変換した場合、「閉じた線形状」2つと「自由曲面」1つのパートが出来上がりました。

どうしてこういう状態になったのか、「自由曲面」の仕組みを解説します。

＊

こんどは「新規ファイル」で先ほどの「天板」と似たものを作っていきましょう。

[1] ツールボックスの「作成」→「一般」から「閉じた線形状」を選択し、上面図に「閉じた線形状」で天板の形を描きます。

すると、ブラウザには「閉じた線形状」という項目が表示され、四面図上には厚みのない、板状の形状が表示されます。

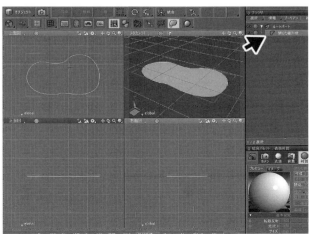

「閉じた線形状」を描く

第2章 初級編

[2] 次に、ツールボックスの「パート」から「自由曲面」を選択し、「自由曲面」パートを作ります。

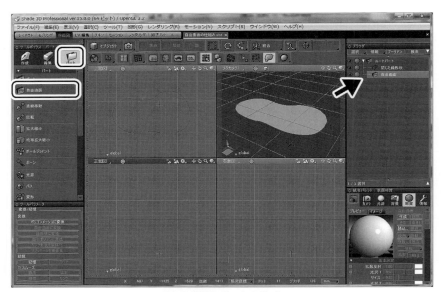

「自由曲面」パートを作成

この状態では、まだ「自由曲面」パートの中は空っぽの状態なので、四面図上には変化がありません。

[3] ブラウザ上で「閉じた線形状」を「自由曲面」パートの中にドラッグしましょう。

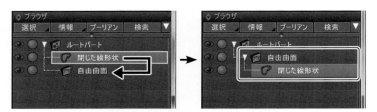

「閉じた線形状」を「自由曲面」パートの中にドラッグする

[4] では、四面図を確認してみましょう。
板状であった「閉じた線形状」が、「自由曲面」パートの中に入ることで、面を構成できなくなったことに注目です。

[2-1] モデリング

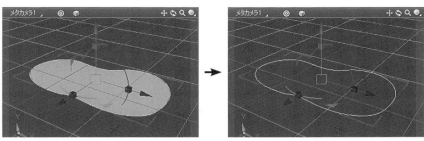

「自由曲面」パートの中に「閉じた線形状」を入れた状態

[5]「自由曲面」は、「線形状」1本では立体を構成できません。立体にするためには、「線形状」が複数必要です。「線形状」を複製して2本にしましょう。

ブラウザ上で「閉じた線形状」を選択し、ツールボックスの「移動／複製」で「複製・移動」を選択し、下方向にドラッグしましょう。

「閉じた線形状」が「複製／移動」できました。

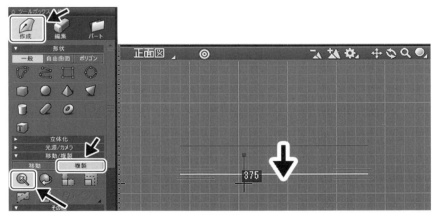

複製移動

[6] 複製できたら、「ブラウザ」と「四面図」を確認してみましょう。

「元あった線形状」と「複製で新しく出来た線形状」の間が「線」で結ばれ、「面」が生成されています。

このように、「自由曲面」は、「線形状」と「線形状」を結ぶようにして立体を作っていきます。

第2章 初級編

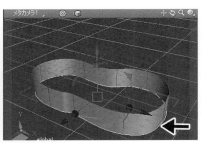

矢印の「線形状」が複製で出来たもの。
「元の線形状」と「新しい線形状」を結んで、「面」が貼られている

[7] このままでは筒状なので、「蓋」を作ります。
　複製で出来た「閉じた線形状」を、ブラウザ上で「コピー＋貼り付け」で複製します。
　この状態では、同じ形の「閉じた線形状」が同じ位置に2本ある状態です。
（前章で「テーブルの脚」を「コピー＋貼り付け」で4本にしたのと同じ状態です）。

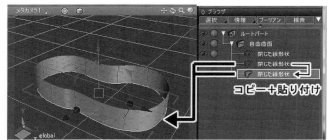

「閉じた線形状」をコピー＋貼り付けで同位置に複製

[8] 「貼り付け」で出来た「閉じた線形状」をドラッグして「自由曲面」パートの外に出しましょう。すると、「自由曲面」の外に出たことによって、「閉じた線形状」が板状の「面」になります。これで「底」が出来ました。

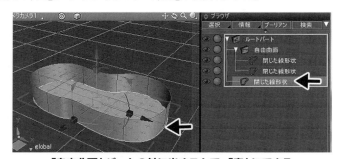

「自由曲面」パートの外に出すことで、「底」にできる

[2-2] 表面材質

[9] 同様に上側の「閉じた線形状」を複製して、「自由曲面」パートの外に出せば、「蓋」になります。これで、「閉じた線形状の掃引体」を変換したときと、ほぼ同じ状態になりました。

「自由曲面」の仕組みが少し分かってきたのではないでしょうか。

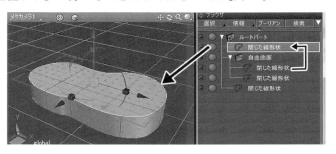

上側の「閉じた線形状」をコピーし、「自由曲面」パートの外に出すことで「蓋」に

2-2 表面材質

ある程度、立体が作れるようになったら、次は「色」や「質感」を設定していきましょう。

ここでは「表面材質」の設定の基礎を解説します。

＊

材質の設定は「総合パレット」の「材質」から行ないます。

「総合パレット」は、ブラウザの下にあります。「材質」のタブをクリックして使います。

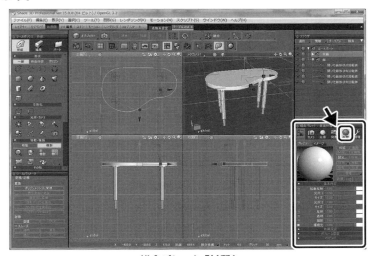

総合パレット「材質」

第2章 初級編

■ 基本色

細かい質感を設定する前に、色を付ける方法を覚えましょう。
「テーブル」に色を付けていきます。

好みや慣れの問題もありますが、色を確認しやすいように「透視図」は、「シェーディング」または「シェーディング＋ワイヤフレーム」にしておき、「モデリングライト」のタイプは色のついていない「タイプ1」にしておきます。

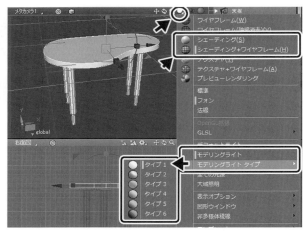

色を確認しやすいように「モデリングライト」は色のついていない「タイプ1」に

大きな流れとしては、色を付けたい形状を選択し、「材質」で色を設定していきます。

[1] まずは「天板」に色を付けます。ブラウザで「天板」のパートを選択します。

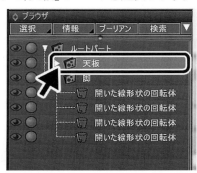

色を付けたい形状を選択

[2-2] 表面材質

[2] 次に、「総合パレット」の「材質」を見てみましょう。上部に「天板」と書かれています。これで、「天板」パートに「材質」で設定したものが反映されます。

[3] では、色を付けましょう。
「拡散反射」という項目の右端の白い四角が、その形状に割り当てられている色になります。この四角の部分に色を設定します。

「拡散反射」で色を設定

[4] 「拡散反射」の四角部分をクリックすると、色設定用のウインドウが開きます。
ここで、好きな色を選んで、OKを押します。

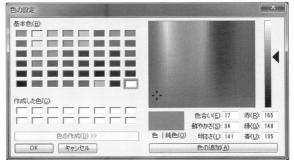

色の設定ウインドウ
で色を選ぶ

「拡散反射」で設定した色が「透視図」の「天板」の色に反映されているのが分かります。カラーページで確認してください。

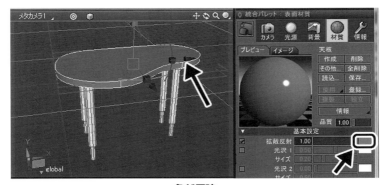

色が反映

第2章 初級編

[5]「脚パート」も、同様に色を設定してみましょう。

「ブラウザ」で「脚パート」を選択し、「材質」で「拡散反射色」を設定します。

パートに「材質」を設定すると、パート内の「脚」4本すべてに同じ材質が反映されることを確認しましょう。

パートの管理は、効率良く材質を設定するときにも役に立ちます。

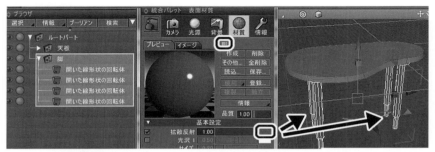

パートごと材質を設定すると、パートに含まれるものすべて同じ材質が割り当てられる

■ 光沢

より細かな設定をしていきます。

「作成」ボタンを押すと、細かな設定ができるようになります。

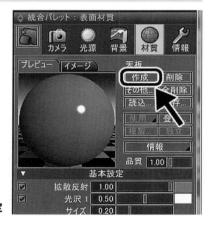

「作成」ボタンで材質の設定

まず覚えておきたいのが、「光沢」の設定です。

「光沢1」と「光沢2」がありますが、設定の仕方やコツは同じです。

ここでは、「光沢1」で解説しますが、「光沢2」を設定するときは「光沢1」を「光沢2」と読み替えてください。

「光沢1」と「2」の2つを組み合わせることで、より複雑な質感を設定することができます。

[2-2] 表面材質

　光沢は、「光沢1」のスライダで「光沢の強さ」を、「サイズ」のスライダで「光沢の大きさ」を調整できます。

　光沢を強め、サイズを小さめにすることで、「金属」のような質感を表現できます。

　また、光沢を弱め、サイズを大きめにすることで、「布」などの質感を表現できます。

　ここでは、「テーブルの天板」なので、コーティング処理された木材をイメージして、「光沢1」で「光沢強め」「サイズ小さめ（コート層）」、「光沢2」で「光沢弱め」「サイズ大きめ（木材層）」という感じで設定するといいでしょう。

「光沢」の設定

■ 反 射

　テーブルの脚部分は「金属」のような質感を設定していきます。

　あらかじめ「光沢1」で「光沢強め」「サイズ小さめ」の「金属光沢」を設定しておきます。

　「金属」の質感の設定でポイントになるのが、**「反射」**つまり周りにあるものをどのくらい映り込ませるかの設定です。

　「反射」のスライダをやや上げると、周りのものが映り込むようになります。

　銀色の「金属」の質感であれば、「拡散反射」に灰色の色を設定するとそれらしくなります。

　「反射」のスライダにも色を少し入れると、より「らしく」なります。

　ちなみに、「拡散反射」を「黒」、「反射」のスライダをいっぱいまで上げると「鏡」になります。

「拡散反射」を灰色にし「反射」のスライダを上げる

第2章 初級編

■ 透明

次は、「ガラス」や「水」の質感に欠かせない「透明」の設定をします。

「水差し」に「ガラス」の質感を設定しましょう。

あらかじめ、「光沢1」に「強め」、「サイズ小さめ」の光沢を設定しておきます。

[1] 透明な「ガラス」の質感を設定するには、まず、**「透明」**のスライダを上げます。

[2] しかし、「透明度」を上げただけでは、左上のプレビューが真っ白になってしまい、「ガラス」のような透明感はありません。

「透視図」でも確認してみましょう。

「透視図」は、現在「シェーディング」表示ですが、これでは透明感は確認できないので、「透視図」を**「プレビューレンダリング」**にしておきます。

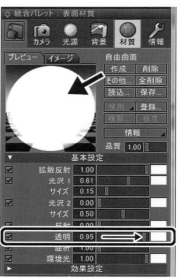

「透明」のスライダをあげる

「透視図」を「プレビューレンダリング」表示に

Point

「透明度」が確認できないのであれば、普段から「透視図」を常に「プレビューレンダリング」にしておけばよい、と思う方もいるかと思います。

気にならないようであれば、常に「プレビューレンダリング」にしておくのもいいですが、私としては必要なときだけ「プレビューレンダリング」にするようにしています。

なぜなら、「プレビューレンダリング」は「シェーディング表示」より「時間がかかる」「処理が重くなる」ためです。

この章くらいの作例であれば気にならない程度の負荷ですが、もっと複雑なものを作るようになるとこの負荷もストレスになるものです。

[2-2] 表面材質

[3]「ガラス」のような透明感を出すには、もう少し設定を詰める必要があります。

真っ白に白飛びしてしまうのは、「**拡散反射**」が「白」のままなのが原因です。「拡散反射」のスライダを下げましょう。白飛びは解消されました。

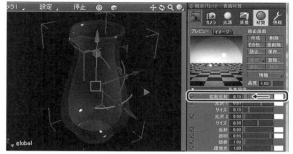

拡散反射を下げると白飛びが押さえられる

[4] さらにガラスらしさを出すためには、「**屈折**」を調整する必要があります。

「屈折」のスライダを少し上げましょう。「ガラス」の場合は「1.5」前後でそれらしい感じになります。

これで、「ガラス」の質感の設定ができました。

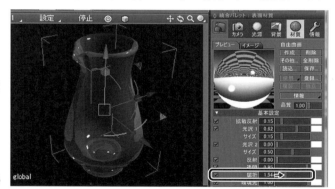

「屈折」を上げる

ここで解説した質感の設定は基礎的な部分ですが、言い換えれば「よく使う」内容です。しっかり身につけておきましょう。

◀Point▶

> 同じ材質でもライトやレンダリング設定で印象が変わります。
> 　特に「透明」や「反射」はその傾向が顕著です。自分のイメージ通りの絵を作るためには、ライトやレンダリングの設定と平行して材質の設定を微調整したほうがいい場合もあります。
> 　基礎をしっかり押さえておけば、効率良く調整することが可能だと思います。まずはここで解説してあることは最低限押さえておきましょう。

第2章 初級編

2-3 ライト

「ライト」は、CGで作品を作る上で「肝」になる部分です。効果的なライティングを身につけるためにも、まずはどのようなライトがあるか覚えておきましょう。

効果が分かりやすいように、質感を設定したテーブルのデータに、床と壁になる「開いた線形状の掃引体」を作成して、解説していきます。

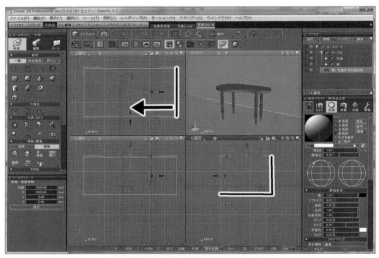

「開いた線形状」の「掃引体」で「床」と「壁」を作る

■ 無限遠光源

「Shade 3D」で使えるライトには、何種類かありますが、太陽光に当たるのが**「無限遠光源」**です。

これは「総合パレット」の「光源」から設定します。

無限遠光源。
総合パレットの「光源」で設定する

[2-3] ライト

まず覚えておきたいのは、**光源の位置**の設定です。

光の「位置」は、円をクリックすることで設定できます。

白い点が「光源の位置」です。左側の円に光源がある場合は「順光」気味、右側の円に光源がある場合は「逆光」気味になります。

また、円の上半分に光源がある場合は上から光が注いでいる状態、円の下半分に光源がある場合は下から光が注いでいる状態になります。

*

「光源の位置」の次に覚えておきたいのが、**「影」**の設定です。

「影」のスライダで、「影の強さ」を設定できます。

また、「ソフトネス」のスライダを少し上げることで、影のエッジをボカすことができます（「Professional」のみ）。

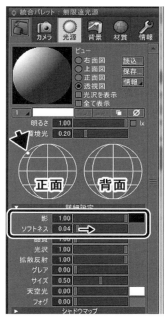

「光源」の位置と「影」の設定

*

ここで、「透視図」を「プレビューレンダリング」にして、光源の効果を確認してみましょう。

「無限遠光源」の特徴は、太陽光のように均一で平行な光であることです。均等に光が当たっていることが確認できます。

また、太陽光と同じで「平行光」ですから、「影」が平行に出ているのが分かります。

「影」は、先ほど「ソフトネス」を設定したのでエッジがボケているのも同時に確認しておきましょう。

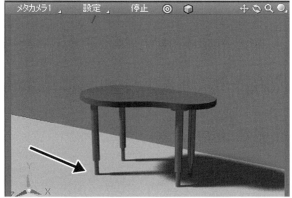

無限遠光源。均等に光が当たっており、「影」が平行になっている。

第2章 初級編

　もう1つ、**「環境光」**の設定を覚えておきましょう。
　「環境光」は、全体を均質に明るくするので、擬似的な照り返しの役割を果たすこともあります。
　ただし、均質に明るくするので、上げすぎると、「影」も「陰」も同じように明るくなり、立体感が乏しい絵になってしまいます。

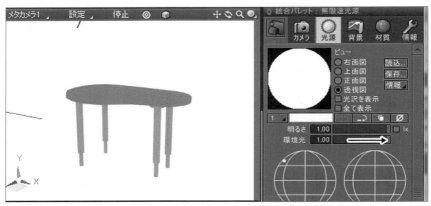

環境光。均質に明るくなる。使いすぎると、立体感に乏しい絵になる

＊

　最後に、「無限遠光源」は「太陽光」のようだと述べましたが、「太陽光」と大きく異なるのが、「複数設定」できる点です。

　図の部分をクリックして、「2」や「新規作成」を選択することで、2つ目3つ目の「無限遠光源」を作成できます。

「無限遠光源」は複数設定できる

[2-3] ライト

「環境光」は控えめにして、2つ目、3つ目の「無限遠光源」で**「照り返し」**を擬似的に表現する方法もあります。

擬似的な「照り返し」として使う「無限遠光源」は、不自然にならないよう、「影」のスライダを「0」にしたり、「ソフトネス」を強めに設定するのがコツです。

また、数字の横の四角は、「光源」の色を設定するものです。「光源」に色を付けるのも効果的です。

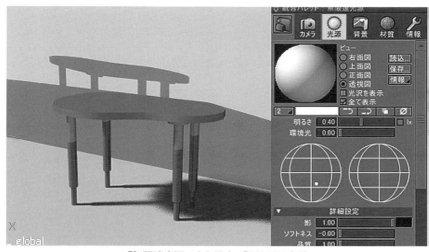

「無限遠光源2」を設定。「影」が不自然

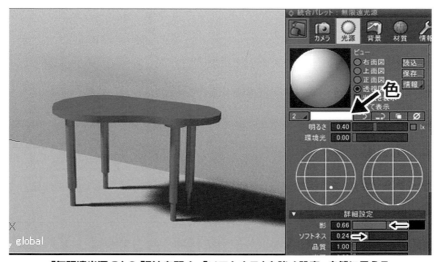

「無限遠光源2」の「影」を弱く、「ソフトネス」を強く設定。自然に見える

第2章 初級編

■「点光源」と「スポットライト」

「無限遠光源」以外の光源は、ツールボックスの「作成」→「光源/カメラ」から作ります。

まず覚えておきたいのが、「点光源」と「スポットライト」です。

● 点光源

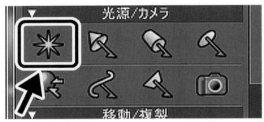

点光源

**ツールボックス
「作成」→「光源/カメラ」**

ツールボックスの「光源/カメラ」で「点光源」を選択し、四面図上をドラッグすることで作成できます。

「ドラッグする距離」が「光の強さ」になります。
位置の調整は、あとからマニピュレータを使って移動することも可能です。

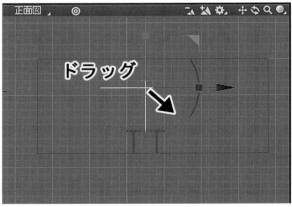

点光源。ドラッグで作成

[2-3] ライト

「点光源」は、光源の中心から360度全方位に広がる光です。
「電球」のような光源と考えればいいでしょう。
(図では、「点光源」の効果が分かりやすいように「無限遠光源」の明るさを「0」にしています)。

点光源。光源の中心から全方位に広がる光

● スポットライト

スポットライト

　ツールボックスの「光源／カメラ」で「スポットライト」を選択し、4面図上をドラッグすることで作成できます。

　「ドラッグする距離」が「光の強さ」、「ドラッグする方向」が「光の向き」になります。
　「位置」や「光の向き」の調整は、あとからマニピュレータを使って移動することも可能です。
　「形状編集モード」で、黄色い点の部分をドラッグすることでも調整できます。

第2章 初級編

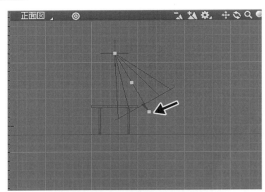

スポットライト。「形状編集モード」でも「位置」や「光の向き」「強さ」を調整できる

「スポットライト」は、光に方向性があるのと、光が当たる範囲が限定的であるのが特徴です。

「舞台照明」の「スポットライト」をイメージしてもらえるといいでしょう。

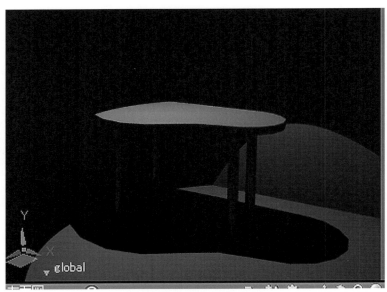

「スポットライト」は光に「方向性」と「範囲」がある

[2-3] ライト

「スポットライト」や「点光源」を作ると、「ブラウザ」にも表示されます。

「ブラウザ」にも表示される

「スポットライト」や「点光源」を選択した状態で、「総合パレット」の「情報」を選択すると、より細かく調整できるようになります。

*

いくつか設定できるのですが、まず覚えておきたいところに絞って解説します。

・種類

ここで、ライトの種類を変更できます。「スポットライト」から「点光源」に変更する、という場合に使います。

・明るさ

光源の強さを数値入力できます。

・角度

スポットライトのみ有効な項目です。光の当たる範囲を調整できます。

・ソフトネス

「点光源」では使用不可な項目です。「境界のエッジ」をボカします。

・「影」「影のソフトネス」

「影の濃さ」と「エッジのぼかし」を設定できます。

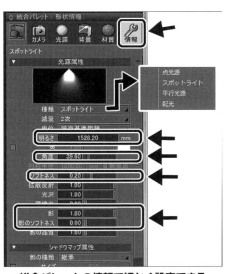

総合パレットの情報で細かく設定できる

第2章 初級編

先ほど作った「スポットライト」の「角度」と「ソフトネス」を調整したものが、こちらです。

「スポットライト」の「角度」と「ソフトネス」を調整

■「線光源」と「面光源」

「線光源」と「面光源」についても解説しておきます。

こちらは光源に「面積」や「長さ」があるので、「点光源」や「スポットライト」に比べて柔らかい光を表現できます。

作る方法は、「線光源」「面光源」のアイコンを選択した後、「開いた線形状」や長方形を描く要領で光源を描きます。

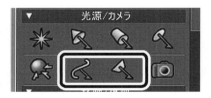

線光源(左)と面光源(右)

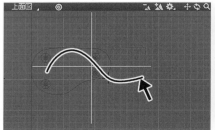 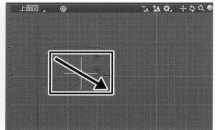

「開いた線形状」や「長方形」を描く要領で作成

[2-3] ライト

「線光源」は全方向に光りますが、「面光源」には、光に方向があります。

面の中央から矢印が伸びています。これが**「光の向き」**です。必要に応じて、光の方向を調整しましょう。

光源に面積や長さがあるので、「影」がボケているのも特徴です。

「線光源」「面光源」は、「ノイズの処理」や「レンダリング時間の長さ」など、やや使いづらい光源ですが、柔らかい感じの光源は魅力的です。

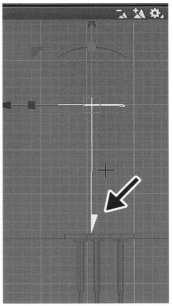

「面光源」の光の方向

面光源、線光源は柔らかい光で、「影」がボケているのも特徴

「ライティング」は、作品を作る上で重要なポイントなので、しっかり基礎を押さえておきましょう。

第2章 初級編

2-4 レンダリング

最後に、「レンダリング設定」を覚えましょう。

私は静止画を作ることが多いのですが、「レンダリング」の設定は静止画作品の完成度を決めるポイントのひとつになります。

＊

「透視図」の「プレビューレンダリング」は、あくまでも「プレビュー」です。レンダリングは、メニューの「表示」から「イメージウインドウ」を開き、ここから行ないます。

イメージウインドウを表示

---

[1] まずは「レンダリング」のボタンを確認してください。
ここをクリックすることでレンダリングされます。

[2] イメージウインドウの下部でレンダリングサイズを変更できます。
ここではテストでのレンダリングなので、デフォルトの「640×480」くらいでいいでしょう。
当然、レンダリングのサイズが大きければ大きいほど時間がかかります。
環境や用途で調整してください。

「レンダリング」ボタンで、レンダリングが始まる。下部の数値入力でレンダリングサイズを変更できる

レンダリングサイズ

[2-4] レンダリング

[3] ここでは効果が分かりやすいように光源設定のときに使ったファイル(「無限遠光源」1灯だけを設定)に水差しのデータを加えました。

別ファイルで作った「水差し」を加えるには、メニューの「ファイル」から「インポート」を選び、その中から「形状データ」を選択します。

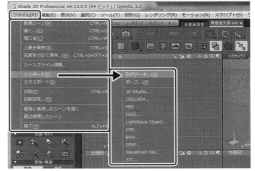

メニューの「インポート」→「形状データ」

[4] これで、Shadeファイルを選択できます。

とりあえず、デフォルトの設定で読み込みましょう。

ブラウザに「水差し」データが読み込まれているのを確認したら、マニピュレータで「テーブル」の上に配置してください。

読み込みに関しては、次の章で改めて解説します。

[5] では、レンダリングしていきましょう。

「レンダリング」ボタンの左にある三角をクリックすることで、レンダリング設定できます。

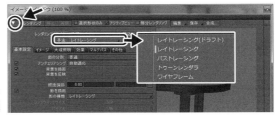

**レンダリング設定の「手法」から
レンダリング手法を選択**

「手法」の部分からレンダリング手法を選択できるので、次で一通り確認していきます。

■ レイトレーシング(ドラフト)

「手法」で「レイトレーシング」を選択し、「レンダリング」ボタンを押します。

「レイトレーシング(ドラフト)」では、「水差し」に設定した「屈折」が反映されていません。

また、「テーブルの脚」に設定した「反射」も正確に反映されていれば、「脚」同士が映り込んでいるはずですが、それも確認できません。

101

第2章 初級編

このように、「レイトレーシング」は簡易的な表現になります。

しかし、レンダリング時間が短くてすむのが特徴ですから、「テストレンダリング」や、レンダリング時間が長くなりがちなアニメーションなどにはお勧めな手法と言えます。

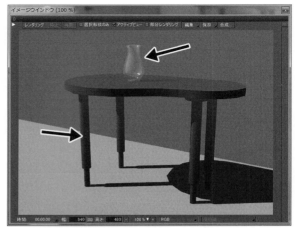

レイトレーシング（ドラフト）。「屈折」や「反射」などが反映されない

■「レイトレーシング」「パストレーシング」

最もよく利用するのが「レイトレーシング」と「パストレーシング」です。

「レイトレーシング」に比べ、「パストレーシング」のほうがレンダリングに時間がかかります。

前述の「レイトレーシング（ドラフト）」では反映されなかった「屈折」や「反射」もきちんと反映されます。

しかし、「レイトレーシング」では、光源に設定した「影のソフトネス」は「Basic」と「Standard」で反映されません。

「影のソフトネス」を利用したい場合は「パストレーシング」を使いましょう。
（「Professional版」は「レイトレーシング」でも「影のソフトネス」が反映されます）。

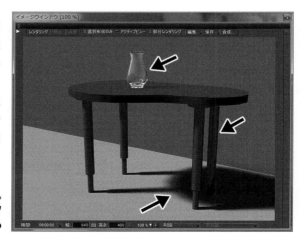

パストレーシング。「屈折」や「反射」「影のソフトネス」なども反映される

[2-4] レンダリング

■ トゥーンレンダラ

「トゥーンレンダラ」は、「アニメ風」「漫画風」などにレンダリングできる手法です。「Basic」では使えません。

手法選択の右の「設定」ボタンで開いたウインドウの「トゥーン設定」ボタンで「トゥーンレンダラ設定」ウインドウが開きます。

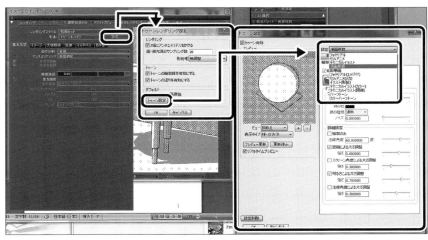

トゥーンレンダラ設定

こちらの「設定」からレンダリングのタッチを選択できます。
漫画の背景などに利用する人もいるようです。

「セル画風」

第 2 章　初級編

「鉛筆画風」

「漫画原稿風」などさまざまな表現ができる

[2-4] レンダリング

■ ワイヤフレーム

「ワイヤフレーム」は線で表現したものです。

表現のひとつとして利用するほか、高速なので、アニメーション作成時に動きの確認用に使う方法もあります。

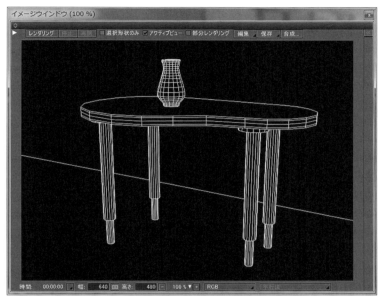

ワイヤフレーム

これで、モデリングからレンダリングまで、よく使う機能を中心に解説していきました。

非常に多くの機能があり、そのすべてを覚えるのはとても時間がかかります。まずは、ここで紹介したことを身につけておき、必要に応じて理解を深めていくのが効率的だと思います。

第3章

応用編

前章までに、よく使う基本的な機能を身につけました。ここからは、実際に一枚の静止画として仕上げるまでの流れを解説していきます。

その過程で必要になってくる機能やテクニックなどは、より実用的な内容になってくるので、自分自身の作品を作るヒントにしてみてください。

第3章 応用編

3-1 素材を用意する

今回作る「事務所の風景」に必要な素材を作っていきましょう。
「モデリング」から「材質設定」、それらの「配置」までを行ないます。

＊

前章までは、スケール感を意識しないでモデリングしましたが、今後はある程度大きさを意識してモデリングしていきます。そのほうが、他の作品などに流用するときに効率的です。

ミリ単位の厳密なスケール調整が必要でないならば、「定規」を表示させて長さを確認しながらモデリングするのがいいでしょう。
（メニューの「表示」から「定規」を選択すると、定規が表示されます）。

また、四面図下部にカーソルの位置が数値で表示されているので、こちらを確認するのも有効です。

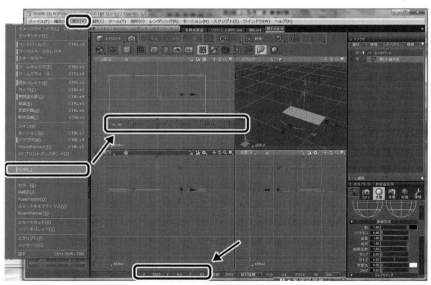

定規や座標でスケール感を確認しながらモデリングしていく

■「棚」を作る

「棚」を作ります。
ツールボックスの「作成」→「一般」から、長方形を選び、上面図から奥行き400ミリ、幅1000ミリの長方形を描きます。

[3-1] 素材を用意する

　このとき、「原点」(4面図上で「赤」「緑」「青」の線が交わっているところ)を基準に描くと、座標からもサイズが確できますし、何かと便利です。

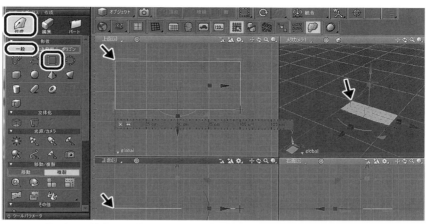

「原点」を基準に、「奥行き 400 ミリ」「幅 1000 ミリ」の長方形を描く

　これを、「立体化」で「掃引体」にします。厚みが「50ミリ」になるようにしましょう。

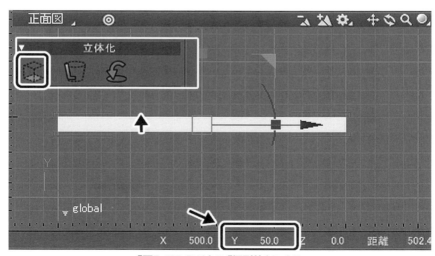

「厚み 50 ミリ」の「掃引体」にする

　これから、この板のエッジを少し丸める作業をします。
　工業製品を作る場合はエッジを丸めることによって、なんとなくリアルに見えるようになります。

第3章 応用編

● 角の丸め

掃引体のままでは角を丸める作業ができないので、ツールパラメータの「自由曲面に変換」をクリックして自由曲面に変換します。

自由曲面に変換

[1] まず、4隅の角を丸めます。ブラウザで、「蓋」と「底」の役割になっている「閉じた線形状」を削除して、自由曲面だけにしておきます。

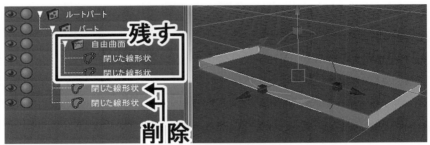

「蓋」と「底」の役割の「閉じた線形状」を削除して「自由曲面」だけに

[2] ブラウザで自由曲面を「切り替え」て、縦方向の「開いた線形状」で自由曲面が構成された状態にします。

まず、右上の角から丸めていきましょう。丸めたいエッジの部分の「開いた線形状」を選択します。

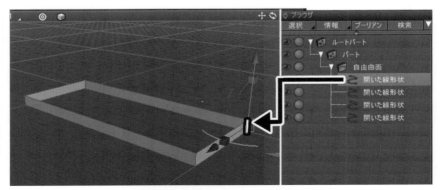

自由曲面を切り替え、丸めたい線形状を選択

[3-1] 素材を用意する

[3] ツールボックスの「編集」→「線形状」から「角の丸め」を選択します。

すると、ツールパラメータで「角の丸め」の数値入力が可能になります。

デフォルトでは「200」になっていますが、「5〜10」程度がいいでしょう。

「透視図」で丸まり具合を確認して、問題なければ、「確定」ボタンをクリックします。

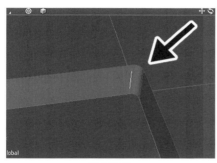

角の丸め

角の丸め。ツールパラメータで
数値を入力し、確定

[4] 同様の手順で、その他の3つの角も丸めていきます。

まとめると、①ブラウザで「線形状」を選択、②「角の丸め」を選択、③数値入力して確定、という流れです。

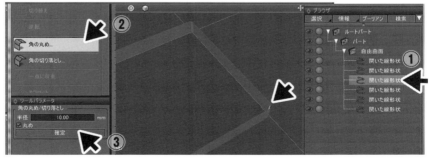

他の角も同じ手順で、角を丸めていく

[5] 四隅が丸まったら、「蓋」と「底」を作ります。

「自由曲面」を「切り替え」て、閉じた線形状2つで構成された状態にします。

第3章 応用編

[6] この2つの「閉じた線形状」を「A」「B」とすると、「閉じた線形状A、B」をそれぞれブラウザ上で「コピー＋貼り付け」で同位置に複製します。

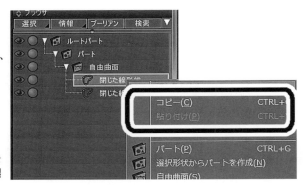

「閉じた線形状」を「コピー＋貼り付け」で複製

[7] 「A」を複製して出来た「線形状」を「A'」として、「B」を複製して出来た「線形状」を「B'」とすると、図のように、「A」と「A'」が同じ位置に、「B」と「B'」が同じ位置にあることを確認しましょう。

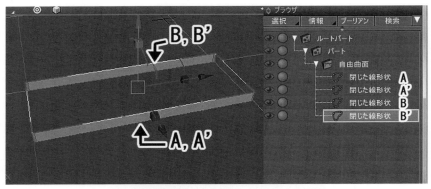

同位置に「線形状」が2本ずつあることを確認

これ以上「角の丸め」を使わないのであれば、「A'」「B'」を「自由曲面」の外に出して「蓋」と「底」にする方法があります。

ここでは、上下にも「角の丸め」を使いたいので、「蓋」や「底」も一体の「自由曲面」にしていきます。

[1] まず、「底」の部分を作ります。

「自由曲面」を構成する閉じた線形状のうち、いちばん上にある「A」の線形状を「一点に収束」します。

ブラウザで「閉じた線形状A」を選択した状態で、ツールボックスの「編集」→「線形状」から「一点に収束」を実行します。

[3-1] 素材を用意する

これで、「閉じた線形状A」が一点に収束したため、底のように見えるようになりました。

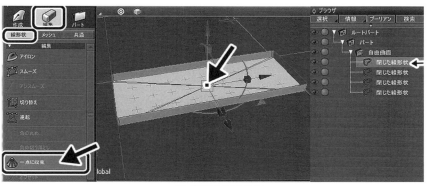

一点に収束で底を作る

[2]「蓋」の部分も同様の手順で作ります。

「閉じた線形状B'」を選択した状態で、「一点に収束」を実行します。

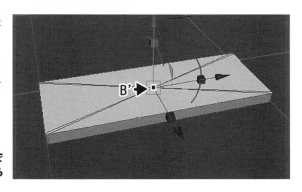

「一点に収束」で「蓋」をする

[3] これで、自由曲面一体になったので、「角の丸め」が使えます。

丸めたい部分の「閉じた線形状」を選択して、「角の丸め」を実行します。

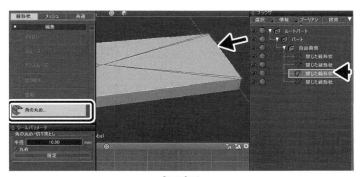

角の丸め

第3章 応用編

これで、すべてのエッジを丸めることができました。

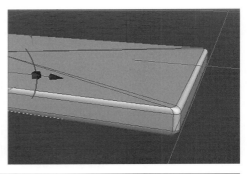

角の丸め

● 複 製

出来上がった板を複製します。

[1] ブラウザで「自由曲面」を選択し、ツールボックスの「移動／複製」の「複製」直線移動複製のアイコンを選択します。

それから、正面図で1450ミリの高さまでドラッグします。

ドラッグ中に出る数値が移動距離を表わします。「1450ミリ」直線移動すると、板の厚み「50ミリ」を足して、「1500ミリ」の高さの棚になります。

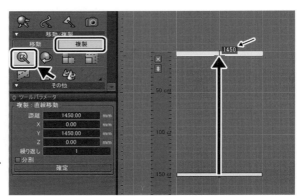

複製／直線移動

[2] 棚の高さくらいまでドラッグできたら、ツールパラメータを確認しましょう。移動距離が数値で確認できます。

Yの数値が高さになるので、ここが1450ミリであることを確認しましょう。もし違っていたら、直接数値入力して調整しておきます。

また、繰り返しを「3」にして「分割」にチェックをすると「1450ミリ」の間を等間隔に分割して、合計3つ複製できます。

これで簡単に「棚板」と「天板」が作れます。

完成したら「確定」ボタンを押します。

[3-1] 素材を用意する

「距離」「繰り返し」「分割」をツールパラメータで調整できる

[3] 次に、「側面の板」を作ります。いちばん下の板を90度回転複製で作ります。
　ツールボックスの「複製」「回転」のアイコンをクリックすることで「回転複製」ができます。
　「回転」の中心は、デフォルトでは複製元の重心になっていますが、クリックで「回転」の中心を変更できます。
　下の板の右上の角をクリックして回転の中心にしましょう。

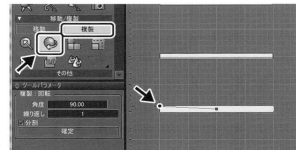

複製、回転「回転」の中心はクリックで変更できる

[4] 中心を変更したらドラッグして回転させます。
　「Shiftキー」を押しながらドラッグすると、45度ずつ回転するので、90度になるようドラッグしましょう。
　また、ツールパラメータで「90度」と数値入力する方法もあります。

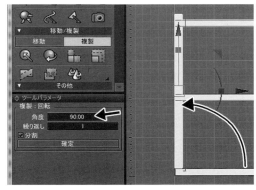

複製と回転

第3章 応用編

[5]「側面板」の「高さ」を調整します。「右面図」で作業すると見やすいと思います。

「側面板」の「自由曲面パート」を選択した状態で、「形状編集モード」にします。

ドラッグで上側のポイントをすべて選択して、マニピュレータで「天板」に着くまでドラッグします。

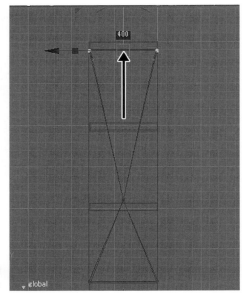

**「形状編集モード」で、ポイントを移動
側面板の高さを調整する**

[6]「側面板」を「複製/直線移動」で複製します。

横方向にドラッグして、950ミリ直線移動複製をします。

このとき、ツールパラメータで繰り返しを「2」、分割にチェックを入れておきます。

これで、「棚」の完成です。

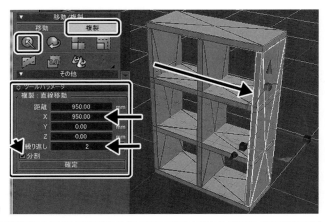

側面の板を複製で作る

これで「モデリング」は終了です。

「分割数」や「サイズ」を変えると、「本棚」や「カラーボックス」のようなものが作れるので、応用してみてください。

[3-1] 素材を用意する

● 材質の設定

出来た「棚」に、「材質」を設定していきましょう。
ナチュラルな「木目調」にしたいと思います。

＊

まず、材質が確認しやすいように、透視図をプレビューレンダリングにしておきます。

それから、すべての「自由曲面」を1つのパートにまとめ「棚」と名前を変更しておきます。

この「棚パート」に「材質」を設定していきます。

すべての「自由曲面」を
1つのパートにまとめる

では、材質を設定しましょう。

[1] まずは「棚パート」を選択した状態で、総合パレットの材質を開きます。

「作成」ボタンを押して、「拡散反射」で色を、「光沢1」と「光沢2」で光沢を設定します。

ここまでは2章までの復習です。

[2] 木目を付けていきます。
材質ウインドウの下部にある「マッピング」の三角部分をクリックして開きます。

使用環境にもよりますが、基本設定の部分はたたんでおくとウインドウが見やすいかもしれません。

マッピングの項目の、「1」と数字が書いてある部分の右側はデフォルトでは

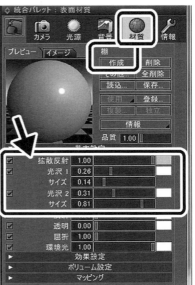

「作成」ボタンを押して、拡散反射色と
光沢を設定

「無し」となっています。ここをクリックしてください。

いくつか模様があらかじめ用意されています。

「Professional版」とそれ以外では多少項目が異なりますが、「木目」はどのグレードにもあるので、選択してください。

第3章 応用編

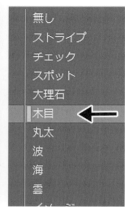

「木目」を選択

[3]「プレビューレンダリング」を確認すると分かるのですが、このままでは不自然なので、もう少し設定を詰めていきましょう。

① 木目の色を設定しましょう。基本色より濃い目の色を入れるといいでしょう。
② 「適用率」のスライダで、「木目の濃さ」を調整できます。
「乱れ」のスライダでは、「木目の乱れ具合」を調整できます。「乱れ」のスライダを下げると、木目が平行に近くなります。
「プレビューレンダリング」を確認しながら調整しましょう。
③ 投影を選択することで、「木目の方向」を調整できます。
ここでは、6方向から木目を投影できる「ボックス」を選択します。
④ 最後に、「木目の大きさ」を調整できます。サイズのスライダを下げて木目を細かくしておきます。

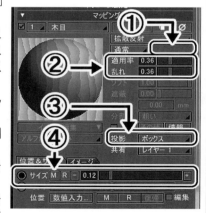

木目の設定

[3-1] 素材を用意する

「プレビューレンダリング」を確認しましょう。

おおむねいい感じになっています。しかし、横向きの板の正面に縦の木目が出ています。

これはおかしいので、修正する必要があります。

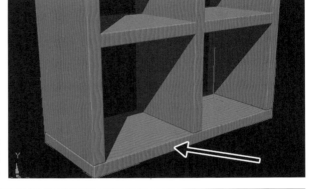

横向きの板の正面に縦の木目が出ているので修正の必要がある

[1] 棚パートの中の横板を選んで、1つのパートにまとめて横板パートとします。注意としては、棚パートの中に横板パートがある状態にします。

この横板パートを選択した状態で材質の設定を修正していきます。

棚パートの中に横板パートを作る

Point

ここで「作成」ボタンを押してしまうと、「横板」の材質の設定を最初からやり直すことになってしまいます。

「横板」にまったく別の材質を割り当てるのであれば、それでいいのですが、ここでは、木目の方向だけを変更して、光沢や色はそのまま使いたいので、「作成」ボタンは押しません。

[2]「マッピング」のチェックボックスにチェックを入れます。

これにより、チェックを入れたマッピングの項目だけを設定できるようになります。

チェックの入っていない「基本項目」は上位パートである「棚」に割り当てられた材質設定が継承されます。

マッピングの投影を「Y」に変更しましょう。

第3章 応用編

これで、木目の方向が横向きになります。

[3] 木目の方向が修正されました。これで、棚は完成とします。

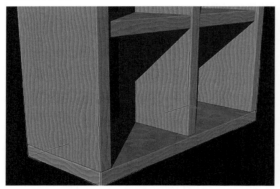

棚完成

「マッピング」にチェック。それ以外は
上位パートの材質設定が継承される

■「植生」を作る

次は、部屋を飾る「観葉植物」を作ります。

別ファイルで作りましょう。

「植木鉢」と「土」の部分は、それぞれ「回転体」で作成します。

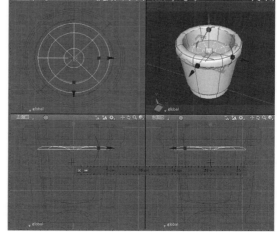

「鉢」と「土」を
「回転体」で作成

[3-1] 素材を用意する

[1]「材質」を設定します。

「鉢」は「光沢」のみ設定します。

「土」は基本色を茶色にし、光沢を弱めに設定します。植物であまり見えない部分ですが、最低限土に見えるよう、「マッピング」で設定しておきましょう。

「木目」を設定したときの要領で、「雲」というまだらの模様を選択し、色と適用率を設定します。

投影は「ラップ」にしておきましょう。

「サイズ」で模様の大きさを調整して「色むら」を表現します。

これで、土の色むらが表現できました。

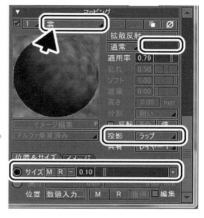

「雲」を設定

[2] 次は、「土の凹凸」を表現します。

マッピングの「1」の部分をクリックして開かれた部分に、「1:雲／拡散反射」とありますが、これが先ほど設定した「雲」模様です。

その下「新規作成」をクリックすることで、「マッピング」に新たなレイヤーを追加できます。

レイヤーを「新規作成」

[3] マッピングの「2」で凸凹を設定していきます。

「スポット」という模様を選んでください。

これもデフォルトの「拡散反射」で使うとまだらの色むらなどにも使うことができますが、今回は色むらではなく凹凸で使用します。

「拡散反射」と書かれている部分をクリックして適用方法を変更できます。これを「バンプ」にしましょう。

「バンプ」は、白黒の画像の白いところを「凸」、黒いところを「凹」に擬似的に表現します。

第3章 応用編

「適用率」で、凹凸の高さを調整できます。

後は、模様を付けたときと同様に、サイズを調整します。

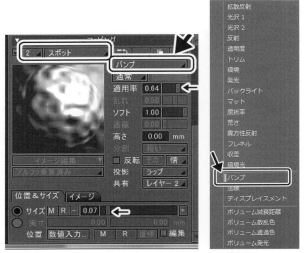

「2」にスポットを「バンプ」で適用。バンプは凹凸を擬似的に表現する

[4] ここまでの設定で、色むらや凹凸が出来て、少しは土が入っているように見えるようになりました。

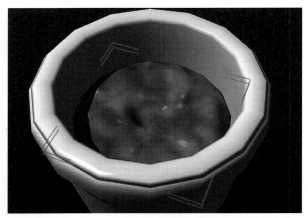

「雲／拡散反射」「スポット／バンプ」適用後。色むらと凹凸が出来ている

[3-1] 素材を用意する

[5] 最後に、もう一枚レイヤーを新規作成し、「3」に「雲」「バンプ」で細かい凹凸を付け、砂のような表現を加えて完成です。

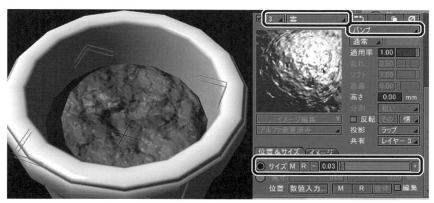

「3」に「雲／バンプ」を設定

Point

このように、マッピングは複数のレイヤーを上手く組み合わせることで表現が広がります。また、同じ模様でも適用方法やサイズを変えると効果が異なります。

次に、「葉」の部分のモデリングをします。

[1] まず一枚「自由曲面」で作り、あとは複製して作ります。

「開いた線形状」で、鉢の中心から葉先に向かって自然な曲線になるように描き、「自由曲面」パートに入れます。

このままでは、「開いた線形状」1本だけなので、「面」が貼れていない状況です。

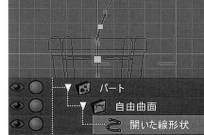

「開いた線形状」を「自由曲面」パートに入れる

123

第3章 応用編

[2] ブラウザ上で「開いた線形状」を「コピー＋貼り付け」で3本に複製します。「自由曲面」パートのいちばん上といちばん下の「開いた線形状」をマニピュレータで移動して面を生成します。

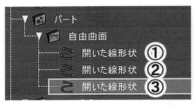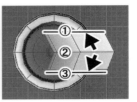

面を貼る

[3] 切り替えて、「自由曲面」パートの中が横向きの「開いた線形状」で構成されている状態にします。

「自由曲面」パートを選択した状態で「形状編集モード」にします。

横向きの「開いた線形状」のポイントはすべてハンドルのない、アンスムーズ状態であることが分かります。

「自由曲面」パートを切り替え。横向きの開いた線形状はアンスムーズ状態

[4] すべてのポイントを選択状態にして、ツールボックスの「編集」→「線形状」「スムーズ」をクリックします。

すると、すべてのポイントにハンドルが生成され、横向きの「開いた線形状」も「曲線」になりました。

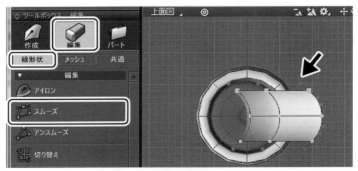

すべてのポイントに「スムーズ」でハンドルを生成

[3-1] 素材を用意する

　横向きの「線形状」も「曲線」になりましたが、「葉」の断面がU字の状態になっていて少々不自然なので、調整します。

[1] 効率的に編集するために、「マルチハンドル」という機能を使います。
　上部のアイコンがたくさん並んでいる「コントロールバー」の中に「マルチハンドル」のアイコンがあれば、オン(背景が黄色の状態)にします。
　もしなければ、コントロールバーを右クリックすることで、コントロールバー上のアイコンの表示／非表示を選択できます。

[2]「図面設定」のアイコンをクリックして、表示状態にしましょう。

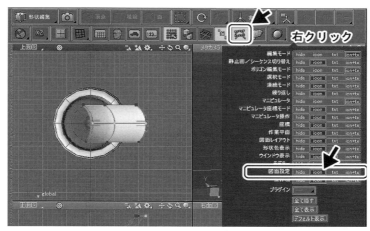

**マルチハンドルのアイコンをクリック。アイコンが表示されていない場合は
コントロールバー右クリックで「図面表示」のアイコンを表示させる**

[3] では、「マルチハンドル」を使って調整していきます。
　「マルチハンドル」は、選択している複数のハンドルを連動させて調整する機能です。

　葉の真ん中を通るポイントをすべて選択状態にし、どれか1つのハンドルを短く整えます。
(このとき、「Shiftキー」を押しながらハンドルを調整すると、ハンドルの「角度」は変更しないで「長さ」だけを調整できます)。
　すると、選択しているすべてのポイントのハンドルが、連動して短くなります。

第3章 応用編

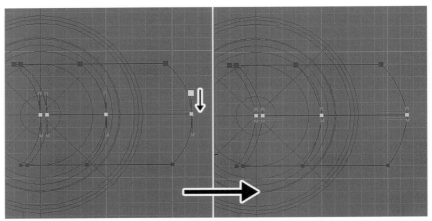

「マルチハンドル」を使って、複数のポイントのハンドルを短く調整

[4] 次は緩やかなV字になるように、端のハンドルの角度を調整します。

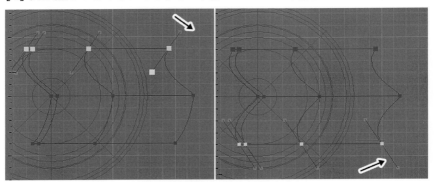

端のハンドルの角度を調整。緩いV字になるようにする

これで「モデリング」は、おおむね完成です。

＊

次は「材質」を設定していきます。新しいパートを作り、先ほど作った「自由曲面」を格納します。

このパートを「葉」という名前に変更しておきます。このパートに「材質設定」してきます。

「葉」らしく見せるには、「マッピング」が重要になります。

[3-1] 素材を用意する

● ラップマッピング

まず、葉の画像を用意します。
今回は実物をスキャンして加工することで作りました。

葉の画像を作成

[1]「葉」パートを選択状態にして、「総合パレット」の「材質」を開き、「作成」ボタンを押して、材質を設定していきます。
「光沢」はやや強め、「サイズ」大きめで、ツヤツヤした感じを設定しておきます。

[2]「マッピング」を施していきます。
まず、「マッピング」で画像を読み込む方法を覚えましょう。
「レイヤー番号」の横の四角をクリックして開くメニューの中から、「イメージ」を選択します。
その後、下方にある「イメージ編集」と書かれている部分をクリックして、開いたメニューから「読み込み」を選択し、画像ファイルを読み込みます。

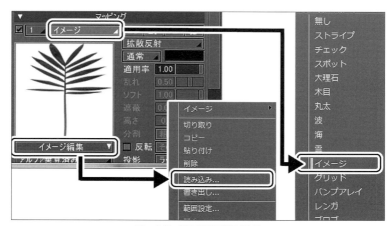

マッピング画像を読み込む

第3章 応用編

[3] 読み込んだ画像は、「拡散反射」で適用します。

投影は「ラップ」とします。

「ラップマッピング」は、画像の四隅と自由曲面の四隅を合わせて張り込む方法です。

画像を「拡散反射」、投影方法は「ラップ」

[4] これで、一度「透視図」を「プレビューレンダリング」にして確認してみましょう。

「葉っぱ」が逆さまになってしまっています。

画像が逆さま

[5] こうなった原因は、「自由曲面」を作るとき、「線形状」を下から上に書いたためです。修正しましょう。

マッピングの下部にある「イメージ」のタブをクリックします。

上下逆にするチェックボックスがあるので、ここをクリックで画像が逆さまの状態を修正できます。

「イメージ」タブで上下を修正

[3-1] 素材を用意する

● トリム

このままでは、白い板に葉っぱの画像が貼られているだけで植物らしく見えません。

不要な部分を切り抜いて、葉らしく見せます。

用意したのは、「葉」の画像を加工し、「残したい部分」を「白」に、「切り抜きたい部分」を「黒」にしたものです。

残したい部分を白、切り取りたい部分を黒にした画像

[1] これを「マッピングレイヤー2」に読み込みます。

手順は先ほどと同じ、「イメージ」にして、「イメージ編集」の「読み込み」から画像ファイルを読み込みます。

読み込んだ画像の適用方法を「トリム」にします。「適用率」は「0.5」にしておきます。

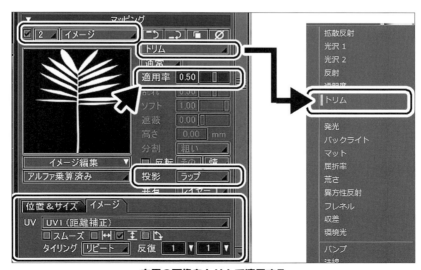

白黒の画像をトリムで適用する

第3章 応用編

[2]「Standard」「Professional」以外のグレードでは、手作業で「レイヤー1」と「レイヤー2」が重なるように手作業で調整する必要があります。

投影方法は、先ほどと同じ「ラップ」にします。

また、画像が上下逆に貼られるので、先ほどと同じように上下を入れ替えるチェックボックスにチェックを入れておきます。

「Standard」「Professional」の場合は、「共有」という部分で「レイヤー1」を選択しておくと、「レイヤー1」と「レイヤー2」で設定が連動するので、効率がいいです。

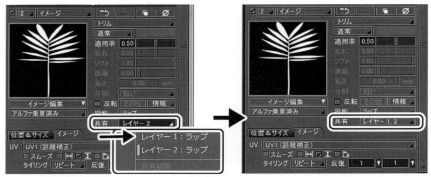

「Standard」「Professional」の場合は、「レイヤー1」と共有しておくと効率的

これで、黒い部分が切り抜かれ、「葉っぱ」らしくなってきました。

黒い部分が切り抜かれた

[3-1] 素材を用意する

[3] 遠目に見るなら、これで充分ですが、より情報量が多いほうが、なんとなくリアルに見えるものです。

「拡散反射」用の画像の、彩度を落としたものを「ボカし」たり、「コントラスト」を上げたりして、「バンプ」用の画像にすると、エッジに「ハイライト」が入ったり、「葉脈の凹凸」が表現され、より説得力があるように見えます。余力があったら試してみてください。

画像をバンプで適用

[4] これで、「材質」の設定も完了です。

後は、「複製／回転」で「自由曲面」を複製します。

複製後は、単調になってしまわないように、「拡大縮小」したり、「形状編集モード」で「自由曲面」を少し編集して表情を付けていくなどしましょう。

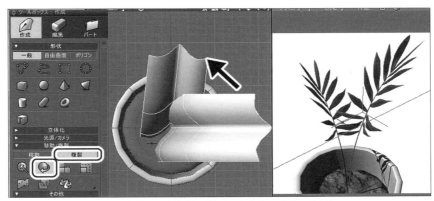

「自由曲面」を複製。単調にならないように加工

第3章 応用編

[5]「葉」を増やしていって、完成です。

植物の完成

■「部屋」を作る

次は、「部屋」を作ります。

[1] ツールボックスの「作成」→「一般」の「閉じた線形状」で床の形状を書きます。

「部屋」に限らず、ある程度設定のようなものがあったほうが作りやすいものです。

今回は「スモールオフィス」という設定で作っていきます。なので、一般的な部屋より大きめです。

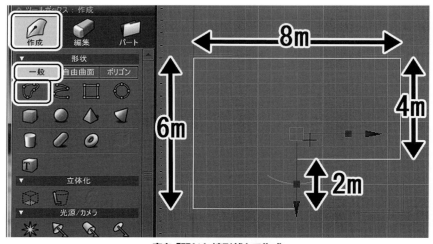

床を「閉じた線形状」で作成

[3-1] 素材を用意する

[2] これを高さ「3m」の「掃引体」にした後、「自由曲面」に変換します。

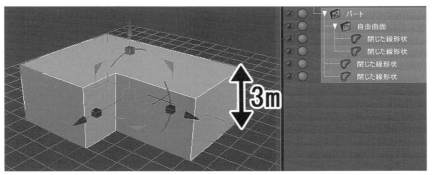

掃引体を自由曲面に変換

[3] 「閉じた線形状」が「床」と「天井」の役割になります。

「自由曲面」の部分が「壁」になります。

開口部を作ったときに違和感が出ないように、「壁」には「厚み」を付けておきます。

●「自由曲面」に厚みを付ける

「壁」となる「自由曲面」を選択状態にし、ツールボックスの「編集」→「線形状」から「厚み」を選択します。

ツールパラメータで、厚みの設定などをしていきます。距離を「100mm」にしておきます。これで壁の厚みが「10cm」になります。

厚みを付ける方向は「外側」、側面は「統合」にして、「確定」ボタンを押します。

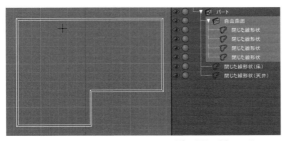

壁に厚みがついた

第3章 応用編

これで、「壁」に厚みがつきました。

● **ブール演算**

次に、「窓」と「ドア」の部分に穴を開けておきます。

---

[1] 穴を開ける準備をします。
開口部の大きさの「閉じた線形状」の「掃引体」を作ります。
「窓」は「高さ1m」「幅2m」、「ドア」は「高さ2m」「幅1m」で作ります。

[2]「厚み」は、壁の厚み「10cm」よりも厚ければサイズは気にしなくても大丈夫です。
ただ、配置しやすいようにやや厚みを大きく付けておいたほうが効率的です。

これらを、壁の穴を開けたい部分に配置していきます。
「壁」を貫通するように配置しましょう。
配置できたら1つのパートにまとめておきます。

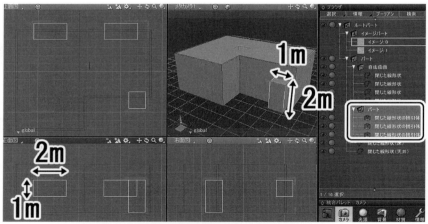

開口用の形状を、壁に貫通するように配置していく

[3-1] 素材を用意する

[3] では、穴を開ける作業をしていきます。
　壁の「自由曲面」を選択し、ツールボックスの「編集」→「共通」から「ブール演算」を選択します。

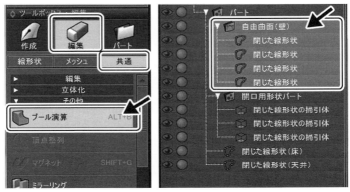

壁の「自由曲面」を選択後、「編集」→「共通」の「ブール演算」を選択

[4] その後、開口用の形状を格納したパートを選択します。

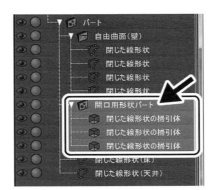

開口用のパートを選択

[5] すると、ツールパラメータが「ブール演算」用の設定画面になります。
　操作の選択ボタン上段の右から3番目が「選択した形状でくりぬく」ためのボタンになるので、これをクリックします。

　「透視図」で確認して、意図した通り穴があいているのを確認して、「適用」のボタンを押します。

第3章 応用編

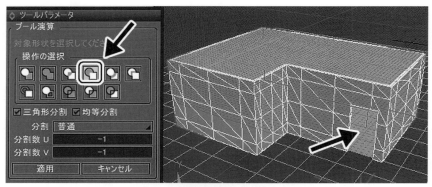

ツールパラメータで「選択した形状でくりぬく」

[6] 穴を開ける作業が完了したら、ブラウザを確認しておきましょう。

「Boolean Result」というパートが新たに作られています。

これが先ほど「ブール演算」で作った開口部のある壁の形状です。

元の形状は「非表示」、レンダリングしない状態で残っているので、窓の大きさを変更したい、などの修正が必要になった場合は、元の形状から「ブール演算」をし直しましょう。

これで、部屋のモデリングは完了です。

「壁」と「床」に、それぞれ「壁紙」と「絨毯」を想定した材質を設定して完成です。

■ 素材の配置

現在、部屋は空っぽの状態です。この部屋の中に、今までに作った棚などを配置していきます。

● 形状のインポート

現在は、部屋のファイルが開いている状態です。

ここに、別ファイルで作成した棚を読み込みます。

---

[1] メニューの「ファイル」から「インポート」を選び、そこから「形状データ」を選択します。

[3-1] 素材を用意する

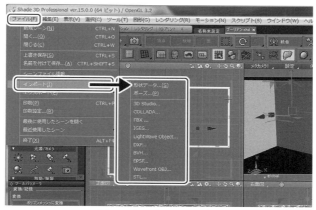

ファイル → インポート → 形状データ

[2] すると、ファイルを選択するためのウインドウが開きます。
ここで、読み込みたいファイルを選択します。

このとき、「原点を基準として読み込み」に変更しておきます。

ファイルを選択。「原点を基準として読み込み」を選択

[3] これで「開く」をクリックすると、別ファイルで作った「棚」が読み込まれます。
「四面図」を確認しましょう。
「原点を基準として読み込み」を選んでおいたので、「棚」ファイルの原点の位置と、「部屋」ファイルの原点が一致している状態で読み込むことができました。

137

第3章 応用編

ブラウザにも、「棚」ファイルが読み込まれているのが確認できます。

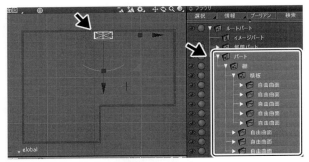

形状のインポート

[4]「棚」は、マニピュレータを使って、好みの位置に配置しましょう。

ここでは、事務所を想定しているので、部屋の右半分が「打ち合わせスペース」、左半分が「作業スペース」というイメージで、部屋の真ん中にパーティション替わりに配置していくことにしました。

1つでは、パーティション代わりにならないので、同じものをあと2つ配置します。

● **リンク**

同じものを複数作る場合、**「リンク」**を使うと、効率がいいです。

「棚」のパートを選択した状態で、ツールボックスの「作成」→「移動／複製」の「複製」から「リンク」のアイコンを選択し、「上面図」で「棚の幅＋棚と棚の隙間ぶんの距離」をドラッグします。

ツールパラメータで繰り返し「2」にしておけば、リンク形状が2つ出来ます。

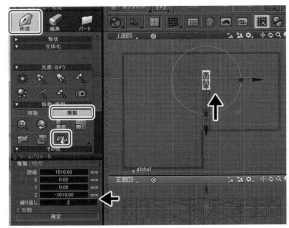

リンク形状の作成

[3-1] 素材を用意する

こうしておけば、「棚の大きさを変更したい」「色を変更したい」と思ったとき、リンク元形状のほうを修正すると、リンク形状にも変更が反映されます。

**リンク元を修正すると
リンク先にも修正が反映される**

その他、「カーテン」や「水差し」「テーブル」なども読み込んで配置していきましょう。

左側の「作業スペース」は、「棚の仕切り板」を増やしたものや、「四角いテーブル」などを作って配置しました。

余力があれば、「棚」に「本」や「箱」を設置してみてください。

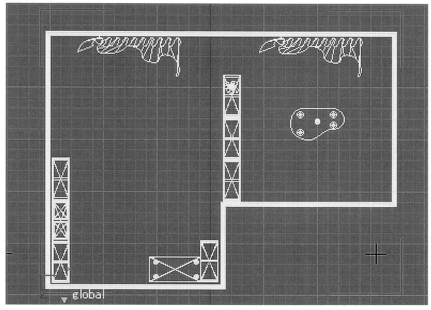

部屋に「棚」や「テーブル」などの形状を配置

第3章 応用編

3-2 「カメラ」「ライト」の設定をする

さて、「形状の作成」「材質の設定」「配置」まで完了しました。

この段階では、写真で言えば、まだ「いいモデルがいる」だけの状態です。

「どこから撮影するか」「どのようなレンズを使えばいいか」「ライトはどこに設置すべきか」、撮影する前にカメラマンが考えるようなことを、3D-CGでも設定する必要があります。

■ カメラの設定

今まで「カメラ」は、「透視図」を操作することで設定していました。

これは「メタカメラ1」というデフォルトで用意されているカメラです。

このカメラを使ってレンダリングしてもいいのですが、静止画作品を作る場合、カメラ位置など理解するためにも**「オブジェクトカメラ」**を使うといいでしょう。

[1]「オブジェクトカメラ」は、ツールボックスの「作成」→「光源／カメラ」から、カメラのアイコンを選択したのち、4面図上をドラッグすることで作成できます。

ここでは、「部屋に入ってきた直後の風景」というイメージで、「部屋の入り口」付近、「目の高さ」くらいの160センチくらいの高さに作成しました。

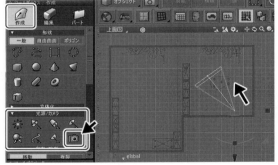

「オブジェクトカメラ」の作成

[2]「オブジェクトカメラ」を作ると、ブラウザにも「カメラ」が加わります。

「透視図」はデフォルトの「メタカメラ」から、先ほど作ったカメラに切り替えておきましょう。

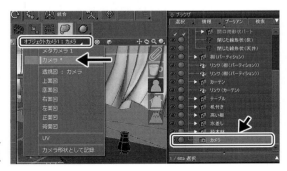

透視図を「オブジェクトカメラ」に切り替え

[3-2]「カメラ」「ライト」の設定をする

> **Point**
>
> 「オブジェクトカメラ」は、他の形状と同様に、マニピュレータで移動、回転することもできるので、「透視図」を確認しながら、いいカメラアングルを見つけましょう。
> また、オブジェクトカメラを複数作成して、比較しながらカメラアングルを検討するのもお勧めです。

[3] 細かい調整は、「総合パレット」の「カメラ」で行ないます。カメラパレットの十字の部分をドラッグすることで操作できます。

「視点」は、カメラマンのもっている「カメラの位置」で、**「注視点」**は「見ている部分」と考えるといいでしょう。

ここで、覚えておいてほしいのは、**「ズーム」**です。

カメラマンが近づくことでも、注目しているものを大きくできますが、カメラのレンズを「望遠」にすることでも大きくできます。

ここでは、「ズーム」の右側の数値が小さいと「広角」気味のレンズになり、数値が大きいと「望遠」気味のレンズになります。

人の目を想定するのであれば、「50〜100」くらいがいいのですが、室内シーンの場合は、「広角」の「35」くらいがいいでしょう。

数値は、クリックすることで直接入力できます。

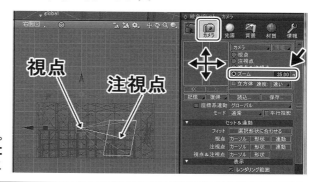

カメラパレットで調整。ズーム値を広角気味にしておく

■ ライトの設定

次に、「ライト」の設定をします。
「ライト」の設定は、「レンダリング設定」によって異なってくるものです。

第3章 応用編

後ほど「レンダリング設定」の部分で解説しますが、「照り返し」などを計算してくれる「大域照明」などを利用するので、「照り返し」を想定した補助ライトなどは使わず、実際に光源があると思われるところに光源を設置していくようにします。

---

[1] まずは、「面光源」を天井に配置していきます。

「面光源」は、ツールボックスの「作成」→「光源/カメラ」から、「面光源」のアイコンを選択したのち、四面図上をドラッグすることで作成できます。

「面光源」には、「方向」があります。「矢印の向き」が「光の方向」なので、天井から床に向かって光が注ぐよう、必要があれば向きを修正しましょう。

面光源

[2] 窓から「太陽光」が入るように設定します。

部屋の窓は奥側に設置したので、窓から部屋の中に「太陽光」が入るようにするには、「無限遠光源」のパレットで、「逆光」気味に光源の位置を配置します。

「ソフトネス」をごく弱く設定し、また、「照り返し」などは「大域照明」で計算するので、「環境光」は「0」にするか、弱めにしておきます。

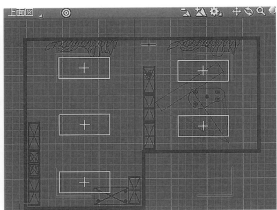

**「無限遠光源」の設定。
「環境光」を下げる「ソフトネス」を設定**

3-3 「レンダリング」から「仕上げ」まで

最後の仕上げになります。
写真で言えば、「撮影」や「現像」の工程になります。

狙った絵にするには、「材質の設定」「ライトの設定」などと平行して行なうのが理想です。

■「大域照明」の設定

[1]「イメージウインドウ」の左隅の三角を押して、レンダリングの設定ウインドウを開きます。

「ソフトネス」を使っていることなどを考慮して、レンダリング手法を「パストレーシング」にします。

レンダリング手法は「パストレーシング」に

[2] 次に、「大域照明」のタブをクリックして、「大域照明」の設定をします。

「大域照明」を「パストレーシング」にします。

詳細な設定は、デフォルトのままでもそれなりの効果を発揮し、かつレンダリングも効率的な設定になっているので、慣れないうちは、とりあえずデフォルトのままでいいでしょう。

ただ、今回のような室内シーンの場合は、私の場合は「間接光の明るさ」を少し上げて、「照り返し」で「陰影」がありつつ明るい感じにするのが好みです。

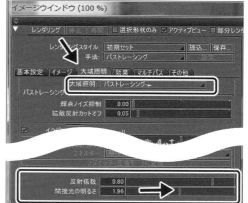

「大域照明」を「パストレーシング」に。詳細な設定はデフォルトでもいい

第3章 応用編

■ 背景の設定

「大域照明」の場合、背景は光源としての役割もあります。

今回は室内シーンなのであまり光源としての役割は大きくはありませんが、設定しておきましょう。

[1]「総合パレット」で背景を開きます。
「上半球基本色」には、「空色」や「白」などの明るい色、「下半球基本色」は「やや濃いめの色」を設定しておきます。

[2] このままでは地平線部分でくっきり色が分かれていて不自然なので、「レイヤー1」を「霧」にして適用スライダを少し下げておいて地平線部分をボカしておきます。

[3] また、「光源としての明るさ」を上げておきます。
シーンによって異なるのですが、私は「1.5～4」くらいで使うことが多いです。

背景を設定。光源としての明るさを上げておく

■ 最終調整

これで、一度レンダリングしてみましょう。
実際には光源の位置や強さなど、多少試行錯誤しましたが、おおむねいい感じと言えます。

ただ、気になるのが、「カーテンの縦のライン」や「テーブルのライン」がカクカクしている点と、「テーブル」が何かチープに見える点です。

これらを修正して、本番のレンダリングをすることにします。

[3-3]「レンダリング」から「仕上げ」まで

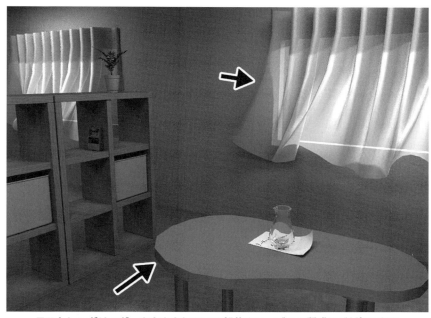

テストレンダリング。カクカクしている部分やテーブルの質感などが気になる

　カクカクしている部分は、「分割数」が足りないために起きています。
　「分割数」を上げる方法としては、レンダリング設定の「基本設定」で「面の分割」をデフォルトの「普通」から「細かい」あるいは「最も細かい」に上げる方法があります。

　ただ、この方法を使うと、すべての形状の面の分割数が上がってしまい、結果、レンダリング時間の増加につながります。

　今回は、必要な部分だけ分割数を上げる方法で調整したいと思います。

---

[1] まず、テーブルですが、カクカクが気になる天板の形状を選択し、ブラウザ上で名前の先頭に**半角**で「<」を付けます。
　これで、天板の形状だけが面の分割数が「普通」から「細かい」に上がります。
　「＜＜」にすると、「最も細かい」と同じになります。
　逆に、曲面の少ない棚などは「＞」で分割数を一段階下げておきます。

第3章 応用編

このように、個別に分割数を調整することでレンダリングの効率が上がります。

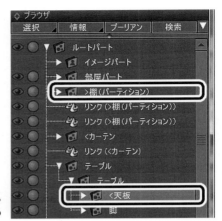

名前の先頭に「<」で分割数が上がる。「>」で分割数が下がる

[2]「テーブル」は、側面に凹凸を付け、「基本色」を重厚感のある色に変更しました。

側面に凹凸を付けたのは情報量を増やすためです。

「角の丸めを使う」「画像に写真などを使う」「バンプを加える」などの作業はすべて手っ取り早く「情報量を増やす」ためです。

情報量が多いと、なんとなく説得力があるように見えるものです。

出来上がった作品が「なんとなくチープ」に見えるときは、この「情報量を増やす」ことを試してみるといいでしょう。

[3] 最後に、「イメージサイズ」を調整します。

ここでは、本書用のレンダリングサイズを設定します。

「設定」で開いた「イメージサイズ設定」のウインドウで、本書1ページぶんを横向きにした大きさ、幅21センチ、高さ14センチを入力します。

解像度は印刷用ですから「300」とします。

すると、ピクセルサイズが自動で計算されます。

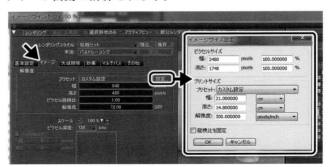

「イメージサイズ」を設定

[3-3]「レンダリング」から「仕上げ」まで

これで、あとは「レンダリング」ボタンを押して待つだけです。

完 成

第4章 キャラクターモデリング

本章では、いよいよ「キャラクター」のモデリングについて解説します。
さらに、キャラクターにポーズをつけるための「ジョイント」についても解説します。

自分の好きなキャラクターをモデリングできるようになると、3D-CGはぐっと楽しくなります。ぜひ本章で操作のコツを習得してください。

第4章 キャラクターモデリング

4-1 「ポリゴンモデリング」のすすめ

3章までは、主に「自由曲面」によるモデリング操作を学習しました。

それは、「Shade 3D」の自由曲面が直感的かつ簡単にモデリングという点で優れているからです。

しかし、本章での「キャラクターモデリング」には、あえて「ポリゴンメッシュ」を用います。

理由は主に3つあります。

・「粘土」をこねるような感覚でモデリングできる「ポリゴンメッシュ」が向いている。
・「自由曲面」で発生しがちな「シワ」に悩まされることがない。
・「手足」のような、「分岐形状」のモデリングを簡単にできる。

そして、「Shade 3D Ver.15」ではポリゴン操作に関する機能の多くが強化され、より効率的にモデリングできるようになっています。

4-2 「テンプレート」の設定

「モデリング」を効率よく進めるには、下書きとなる「テンプレート」の準備が大切です。

ここでは、「テンプレート」の設定方法について説明します。

■ イメージ図の準備

モデリングを始める前に、どんなキャラクターにしたいか、事前に「イメージ図」を準備すると、効率良く作業を進められます。

ノートに落書きしたような絵でも、あるのとないのとでは、その後の仕上がりに大きな差が出ます。

本書では、次のような女の子のキャラクターデザインから、「モデリング」を始めます。

イメージ図

[4-2]「テンプレート」の設定

■ テンプレートの設定

「イメージ図」は、ノートに書いたものをスマートフォンで撮影し、PCに取り込んでいます。

これを「Shade 3D」に「テンプレート」として取り込みます。
正面図右上のマークをクリックし、①**「テンプレートの読み込み」**を選択します。

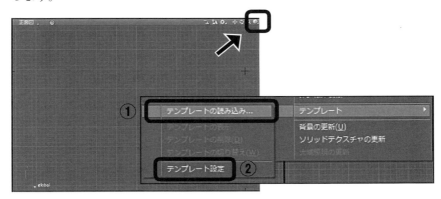

■ テンプレートの中心位置を合わせる

「正面図」に読み込んだテンプレートの中心が、「Shade 3D」の中心線にくるように、位置を調整します。

そこで、上図の②**「テンプレートの設定」**を選択します。
すると、「テンプレート設定」ウインドウが表示されます。
デフォルトではテンプレートの表示が濃い(不透明度が高い)ため、**(A)「不透明度」**を見やすい数値に変更します。本書では、「0.3」としています。

次に、**(B)「中心位置」**の数値を変更し、イメージ図を中心線に合わせます。

使っているイメージ図が大きい場合は、**(C)「サイズ」**の数値を変更して見やすい大きさにしてもよいです。

第4章 キャラクターモデリング

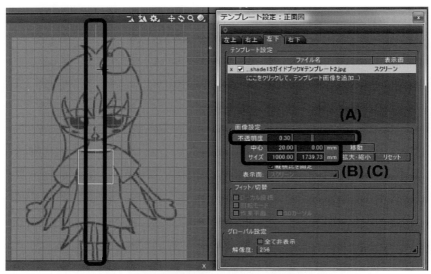

「Shade 3D」の中心線にテンプレートの中心を合わせる

横から見たイメージ図を、「側面図」に設定すると、より形のイメージがつかみやすくなり、モデリングがやりやすくなります。

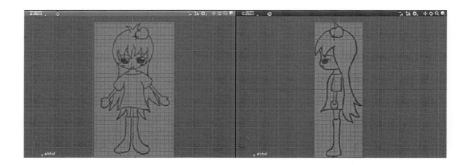

[4-3] 顔の素の作成

4-3 顔の素の作成

モデリング作業を始める前に、まず「顔」の素となる形状を作ります。

■ 直方体形状の作成

「顔」のモデリングは人によってさまざまなやり方があります。
本書では、「直方体形状」から「顔」の形に仕上げる手順を解説します。

「直方体」は、ツールボックスから、「①作成、②ポリゴン、③直方体形状を作成」の順に選択します。
ツールパラメータの値は変更せず「**確定**」ボタンを押します。
すると、「ポリゴン」の「直方体形状」が出来ます。

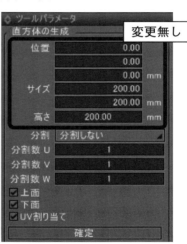
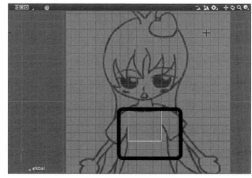

直方体形状が出来る

第4章 キャラクターモデリング

■「角」を丸める

この時点で「直方体形状」は角ばっているため、これを顔のように丸みのある形状に編集するのは大変です。そこで「Shade 3D」のポリゴン編集には自動的に角を丸める機能があります。CG用語では、**「サブディビジョン・サーフェイス」**と呼ばれています。

*

実際に使ってみましょう。「総合パレット」から①**「情報」**を呼び出します。「ポリゴンメッシュ」属性の②**「限界角度」**に**「170」**を入力します。

さらに、「サブディビジョンサーフェイス」の項目で、③**分割手法**に**「OpenSubdiv」**を選択します。

これで角ばっていた直方体の角が丸まり、球形状になりました。

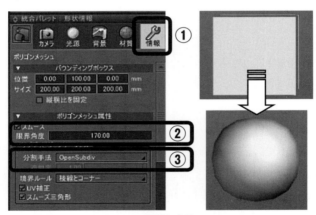

角が丸まる

■ 面を分割する

前項で作った「直方体」を、「顔」の形に編集するには、**「頂点」**(「自由曲面」で言うところの「コントロールポイント」)の追加が必須となります。

そして、「頂点」を追加するには、次の手順で**ポリゴンの「面」を分割**します。

[1] コントロールバーの**「オブジェクト」**から**「形状編集」**を選択。

[4-3] 顔の素の作成

[2] コントロールバーから「頂点」を選択。

[3] 「正面図」で、キーボードの「Shiftキー」を押しながら、直方体を囲むようにマウスでドラッグ。

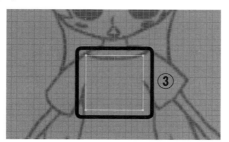

「Shiftキー」を押しながらマウスで囲むようにドラッグ

[4] コントロールバーから「面」を選択。

[5] ツールボックスから「編集→メッシュ→切断」の順で選択。

「切断」はツールボックスをスクロールすると表示される

第4章 キャラクターモデリング

[6] 「正面図」で「Shiftキー」を押しながら、中央線に沿ってマウスをドラッグし、面を分割する（頂点が追加される）。Enterキーを押して確定。

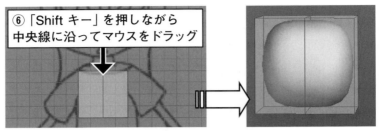

直方体が分割される

■ 頂点（面）の削除

「顔」のように左右対称な形状の場合、「ミラーリング」を使うと、片側半分だけのモデリングですみます。

このミラーリングを行なうには、事前に、片側半分の「頂点」(面)を削除する必要があります。

*

まず、先ほどと同様に、①コントロールバーの「オブジェクト」から「形状編集」を選択、②コントロールバーから「頂点」を選択します。

次に、③「正面図」でキーボードの「Shiftキー」を押しながら、直方体の左側の「頂点」を囲うようにマウスでドラッグします。

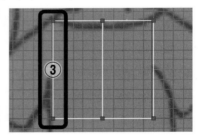

「Shiftキー」を押しながら、マウスで直方体の左側の「頂点」を囲むようにドラッグ

④キーボードの「Deleteキー」を押して「頂点」を削除。

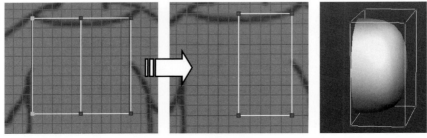

「Deleteキー」を押して「頂点」を削除（透視図の直方体も左側半分が削除されている）

[4-3] 顔の素の作成

■ ミラーリング

「ミラーリング」について説明します。
　ツールボックスから、「①編集、②共通、③ミラーリング」の順に選択します。すると、ツールパラメータに「ミラーリング」が表示されます。
　④「ミラーリング」にチェックを入れ、⑤「対象軸」に「X」を選択します。

 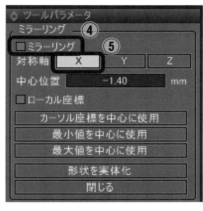

すると、「透視図」では直方体の左半分が表示されるようになります。

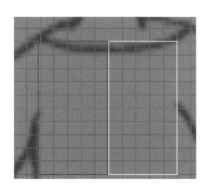 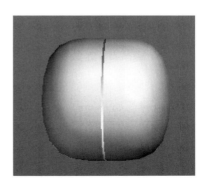

第4章 キャラクターモデリング

この時点では、直方体の中央に少し切れ目が入っています。
そこで、ツールパラメータの⑥「最小値を中心に使用」を選択します。
すると、直方体中央の切れ目がなくなります。

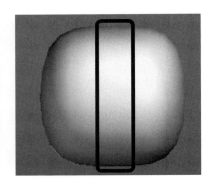

中央の切れ目がなくなる

■ 頂点の移動

p.151でテンプレートを正面図の中央線の位置に合わせました。
次に、「直方体」を、以下の手順で、「テンプレート」の位置に合わせます。

① コントロールバーの「オブジェクト」から「形状編集」を選択
（p.154 ①と同じ）
② コントロールバーから「頂点」を選択
（p.155 ②と同じ）
③ 「正面図」でキーボードの「Shiftキー」を押しながら、直方体全体を囲うようにマウスでドラッグ
④ ツールボックスから、(A) 作成、(B) 一般、(C) 移動、(D) 直線移動、の順に選択
⑤ 「正面図」で、(E)「Shiftキー」を押しながらマウスを上にドラッグすると「直方体」が移動する。「テンプレート」の「顔」の位置まで「直方体」を移動させる。

> ※ なお、ここで「Shiftキー」を押しているのは、真っ直ぐに直線移動させたいため。「Shiftキー」を押さないときは自由な方向に移動できる。

以上で、「顔」の素となる形状の準備ができました。

[4-4]「顔」の作成

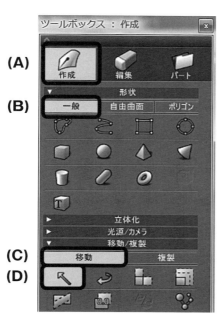
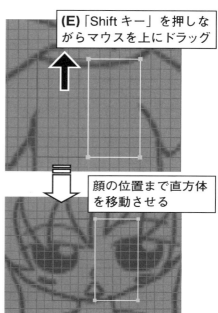

(A) 作成
(B) 一般
(C) 移動
(D)
(E)「Shift キー」を押しながらマウスを上にドラッグ

顔の位置まで直方体を移動させる

4-4　「顔」の作成

ここでは、[4-3]で作った「顔の素形状」から「顔」を作ります。

■ 直方体中央の面を分割

下図のように、「正面図」から見て**直方体の中央の面を分割**します。面の分割方法はp.154「面を分割する」を参照してください。

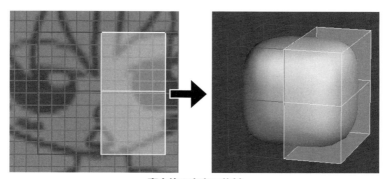

直方体の中央で分割

第4章　キャラクターモデリング

■ 頂点の選択解除

次の編集に進む前に、いったん、**すべての頂点の選択状態を解除**します。

まず、「形状編集」の状態にして、「頂点選択モード」にします。

前項で面を分割した後は、すべての頂点が選択状態になっていると思います。

正面図の何もない部分を「**Ctrlキー＋左クリック**」すると、**頂点の選択状態が解除**されます。

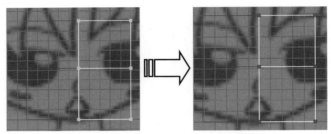

Ctrlキー＋左クリックで頂点の選択解除

■「ろくろ」による視点変更

「直方体」を顔の形に近づけるために、「**頂点**」**を移動**させます。

まずは、直方体の四隅の「頂点」を内側に寄せます。

ここで、四隅の頂点だけを選択したい場合には、「ろくろ」を使うと便利です。「ろくろ」とは、正面図や側面図の**視点を回転**させる機能です。

「正面図」や「側面図」で、「**Shiftキー＋スペースキー」を押しながらマウスをドラッグ**します。

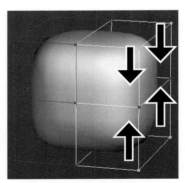

四隅の「頂点」を内側に寄せたい

すると、「直方体」を見る視点がグルグルと回せるようになります。**もう一度「Shiftキー＋スペースキー＋左クリック」で「ろくろ」は解除**されます。

「頂点」の選択は、「透視図」から行なってもいいのですが、「ろくろ」を使うと、簡単に元の視点に戻せるため、複雑な形状をモデリングする際に便利になります。

[4-4]「顔」の作成

①「ろくろ」で正面図の視点を変更します。頂点の選択は、②「Shiftキー」を押しながら各「頂点」を囲むようにマウスでドラッグします。

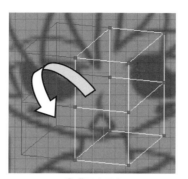
①「ろくろ」
(Shift＋スペース＋ドラッグ)
にて視点を回転

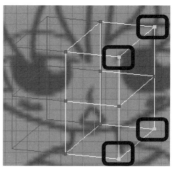
② Shift＋ドラッグで
「頂点」を1つずつ囲んで選択

■ 頂点の拡大縮小移動

四隅の「頂点」を選択しました。これをまとめて内側に寄せるよう移動させます。このような操作には**「拡大縮小移動」**を使うと便利です。

ツールボックスから**「①作成、②一般、③移動、④拡大縮小」**の順で選択します。

「正面図」で、⑤**「Shiftキー」**を押しながらマウスを上下にドラッグします。頂点位置が下図のような位置になるよう移動させます。

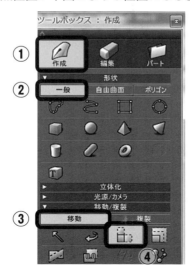

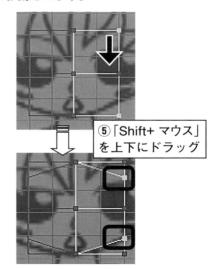
⑤「Shift＋マウス」
を上下にドラッグ

第4章 キャラクターモデリング

■ 頂点位置を移動（1）

同様に、下図①～④のような手順で「正面図」の「頂点」を移動し、「テンプレート」に合わせた顔の形に整えます。

① 選択した「頂点」を左側に移動

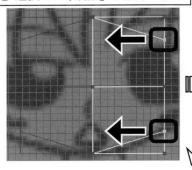

② 選択した「頂点」を下側に移動

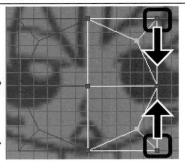

③ 選択した「頂点」を左側に移動

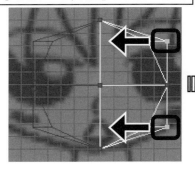

④ 選択した「頂点」を下側に移動

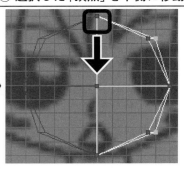

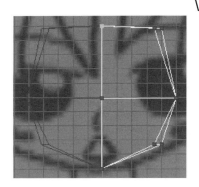

[4-4]「顔」の作成

■ 頂点位置を移動(2)

さらに顔の形を整えます。

「正面図」で、「ろくろ」を使って下図の①「頂点」を選択します。「ろくろ」を解除します。次に、「側面図」より選択した「頂点」を②内側に寄せるため拡大縮小します。さらに③〜⑥の手順で「頂点」を移動します。

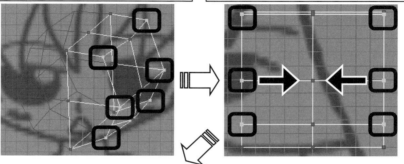

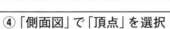

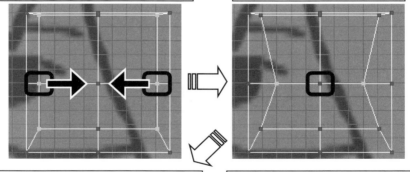

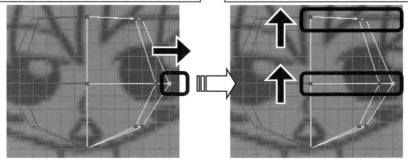

第4章 キャラクターモデリング

■ 頂点位置を移動（3）

　さらに、①「頂点」を外側に移動します。次に「正面図」で② p.154[1] 〜 [6]の手順で、「頂点」を追加します。そして、さらに③〜④の手順で「頂点」を移動します。

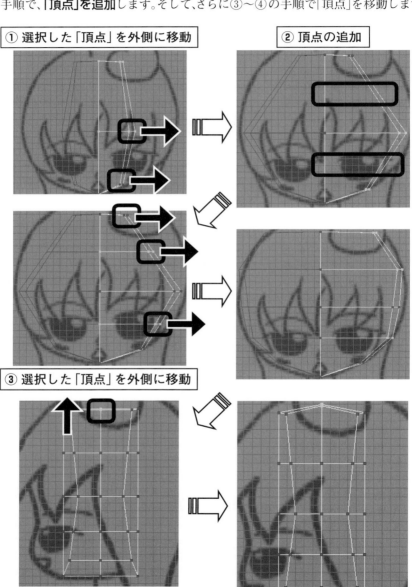

① 選択した「頂点」を外側に移動

② 頂点の追加

③ 選択した「頂点」を外側に移動

④ 「側面図」で「頂点」を上に移動

[4-4]「顔」の作成

■ 頂点位置を移動(4)

徐々に顔の形が出来てきました。最後の仕上げです。

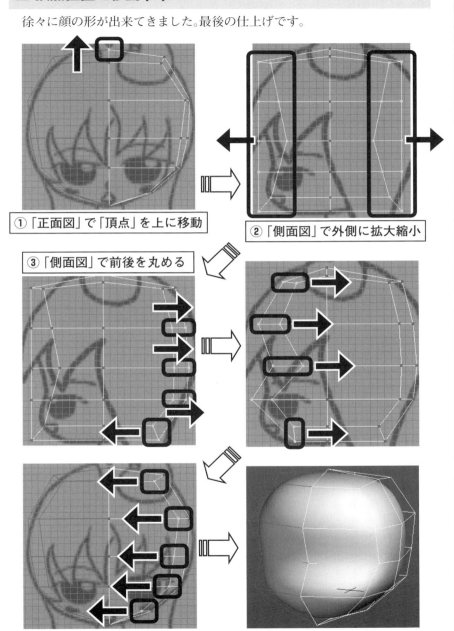

① 「正面図」で「頂点」を上に移動

② 「側面図」で外側に拡大縮小

③ 「側面図」で前後を丸める

第4章 キャラクターモデリング

4-5 「首」の作成

ここででは、[4-4]で作った「顔」に、「首」を作ります。

■ ミラーリングの実体化

首を作るための作業では、「ミラーリング」のままだと、うまくモデリングできません。そこでまず、**「形状の実体化」**を行ないます。

p.157の手順で、ツールパラメータに「ミラーリング」を表示させます。
「形状を実体化」のボタンを押しましょう。

すると、片面だけ実体のあったモデルが、**両側とも「実体」**になります。

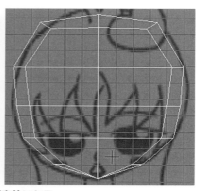

両側の形状が実体になる

■ 面の押し出し / ベベル

「首」は、顔形状から「押し出し/ベベル」という操作で作ります。

そこでまず、「側面図」にて下図の面を選択します。
（選択方法はp.154①〜④参照）。

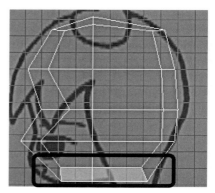

「面」を選択

[4-5]「首」の作成

ツールボックスから、「①**編集**、②**メッシュ**、③**ベベル**」の順で選択します。
ツールパラメータより④**「押し出し」**を選択します。

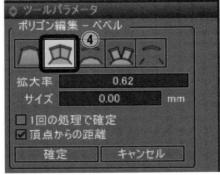

「側面図」で、マウスを⑤**左クリック**します。
すると、下図のように十字状の軸が表示されます。

そのまま⑥**マウスを北西の方角に向かってドラッグ**します。
すると首の土台となる新しい面が作成されました。

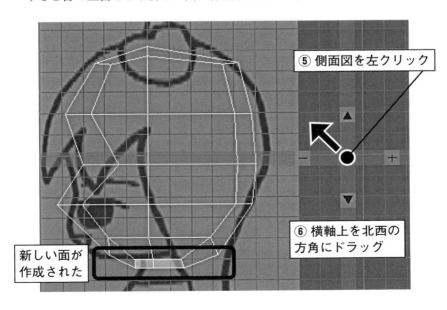

■「首」を押し出す～「アゴ」を作る

「側面図」で下図の①**面を選択**します。再度、②**面の「押し出し/ベベル」**を、上軸方向に沿ってマウスをドラッグします。

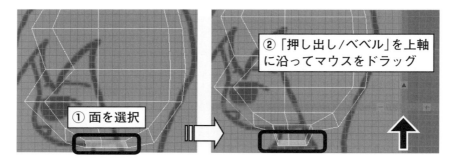

「側面図」で下図の③**「頂点」を選択**し、それぞれ④**移動**させ、「アゴ」と「首周り」の形を整えます。

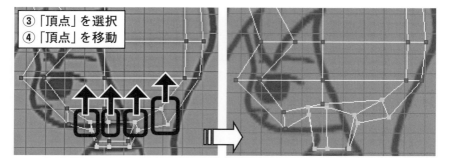

■「肩」まで押し出す

下図の範囲の①**「頂点」**を選択します。
これを②**「面選択モード」**に切り替えます（詳細はp.154参照）。

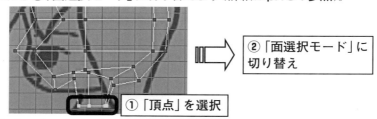

前項と同じ手順で「正面図」にて、③**面の「押し出し/ベベル」**を3回繰り返し、「肩」まで押し出します。

[4-5] 「首」の作成

　このとき、「押し出し/ベベル」の十文字軸に対して③'斜右上方向にマウスをドラッグします。
　すると、下図のように拡大された状態で面が押し出されます。

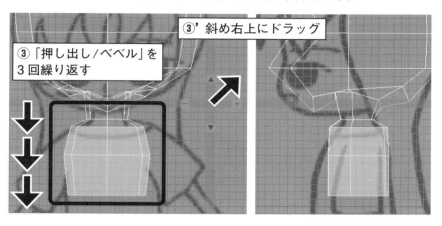

■「顔」と「肩」の仕上げ ～丸みづけ～

①～③の手順により、「顔」と「肩周り」に丸みをつけて仕上げます。

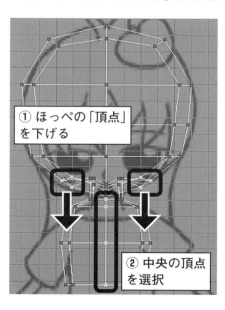
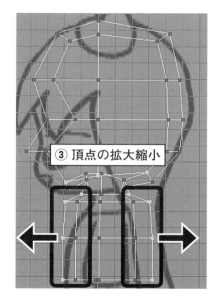

第4章 キャラクターモデリング

4-6 「顔」への「テクスチャ」の設定

一度、「顔」に「テクスチャ」(「目」や「口」の描かれたシール)を設定します。仮でもいいので、早い段階で「テクスチャ」があると、ゴールが分かりやすくなります。

テクスチャ設定前　　　　テクスチャ設定後

■「UV」の展開

モデルに「テクスチャ」を貼り付けるために、**「UV」の展開**という操作を行ないます。

「UV」によって、「モデルの頂点」と「テクスチャの座標情報」を視覚的に分かるように管理できます。

たとえば、「モデルの目位置」と「テクスチャの目の位置」を合わせることができます。

本書では、右図のようなテクスチャを事前に作成しています。

＊

さっそく「UV」を展開します。

まず、モデル全体の「頂点」を選択し、①**「面選択モード」に切り替え**ます。

「正面図」で右図に示す②**「正面図」と書かれた部分をクリック**し、③**「UV」を選択**します。

すると、UV作業図が表示されます。

① 全体を「面選択モード」にする

[4-6]「顔」への「テクスチャ」の設定

次に、メニューバーから「④ツール、⑤UV、⑥UV作成」を選択します。すると、ツールパラメータに⑦「UV作成」ウインドウが表示されます。

「UV作成」ウインドウから⑧「投影UV作成」を選択し、投影面を⑨「正面図」とします。最後に⑩「すべての面を展開」をクリックします。

これで顔の「UV」が展開されます。

■「テクスチャ」の設定

「統合パレット」で①「表面材質」ウインドウを開きます。②「作成」ボタンを押し、「マッピング」タブで、③「イメージ」を選択し、④イメージプレビュー枠内を右クリックし、「顔」の「テクスチャ」を読み込みます。

次に、UV作業図⑤右上のマークをクリックし、⑥画像を表示を選択します。すると、モデルのUV展開された図とテクスチャが重なって表示されます。

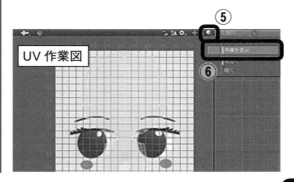

第4章 キャラクターモデリング

ここで、「透視図」を⑦**「テクスチャ」の表示**にすると、モデルに対してテクスチャの位置がズレていることが分かります。

テクスチャの位置が合っていない

■ UVの位置調整

「モデル」と「テクスチャ」の位置を対応させます。

本作例では展開したUVに対して、テクスチャが大きいことが、位置ズレの原因になります。そこで、UVの**頂点全体を均等拡大縮小**にて拡大させます。

ツールボックスから、①**作成**、②**ポリゴン**、③**移動**、④**均等に拡大縮小**、の順で選択します。UV作業図にて、⑤**「Shiftキー」**を押しながらマウスを左右の**外側方向にドラッグ**します。するとUV全体が均等に拡大されます。

⑤「Shift」押しながらマウスを外側にドラッグしUV全体を均等に拡大

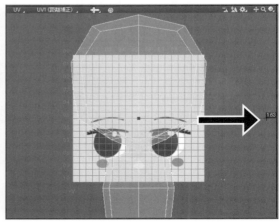

[4-6]「顔」への「テクスチャ」の設定

さらに、UVの「頂点」を下図のように移動させます。
すると、「透視図」に表示されるとおり、顔の「モデル」と「テクスチャ」の位置が合うようになりました。

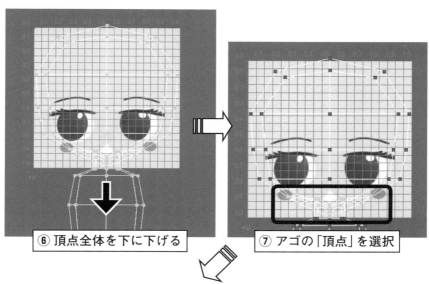

⑥ 頂点全体を下に下げる

⑦ アゴの「頂点」を選択

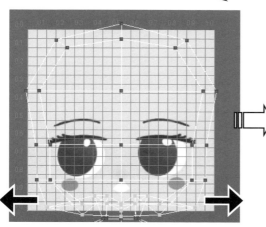

⑧ ツールボックスから、「頂点」を拡大縮小を選択 (p.161 参照)。
マウスを外側にドラッグして「頂点」を外側に広げる

顔のモデルにテクスチャの位置が合う

以上で顔へのテクスチャの設定は完了です。

第4章 キャラクターモデリング

4-7 「髪の毛」の作成

本章では「髪の毛」の作成方法を紹介します。

■「髪」の「基本形状」の作成

「髪の毛」は、①「直方体形状」を新規に作成（p.153参照）します。
②角を丸めた（p.154参照）モデルをベースに作ります。
次に、③直方体底面の「頂点」を選択し、④「面選択モード」に切り替えます（p.154「面を選択する」参照）。

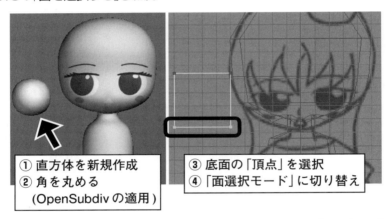

① 直方体を新規作成
② 角を丸める
　（OpenSubdivの適用）

③ 底面の「頂点」を選択
④ 「面選択モード」に切り替え

「正面図」で、選択した面を⑤「**押し出し/ベベル**」（p.166「面の押し出し/ベベル」参照）によって下図のように押し出します。押し出す操作は2回繰り返しています。
同様に、上側も2回、⑥「**押し出し/ベベル**」で押し出します。

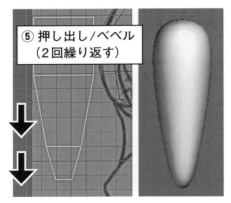

⑤ 押し出し/ベベル
　（2回繰り返す）

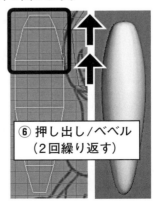

⑥ 押し出し/ベベル
　（2回繰り返す）

[4-7]「髪の毛」の作成

■ 頂点の回転移動

「髪の毛」は、「テンプレート」のイラストのように、緩やかなカーブのある形状をしています。

そこで、下図の①**「頂点」を選択**します。次に、ツールボックスから、「②**作成、**③**ポリゴン、**④**移動、**⑤**回転移動」**の順で選択します。

「正面図」で、⑥**髪の毛形状の中心を左クリック**します。⑦**マウスをドラッグ**すると、マウスの動きに合わせて⑧**選択した頂点が回転移動**します。

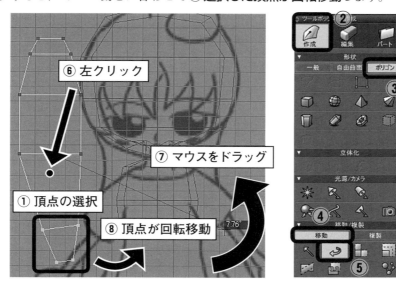

同様の⑨**回転移動を下記の3グループの頂点に対しても行ないます。**

これで「髪の毛」の基本形状の出来上がりです。**Enterキーを押して編集を確定**します。

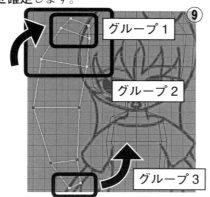

175

第4章 キャラクターモデリング

■「頭」への配置

さっそく「髪の毛」を頭に配置します。ただし、このままだと大きすぎるので、まず**縮小**します。

ツールボックスから、「**①作成、②ポリゴン、③移動、④均等に拡大縮小**」の順で選択します。「正面図」で⑤**マウスをドラッグ**すると、形状の均等拡大縮小ができます。

次に、「髪の毛」が「おでこ」の位置になるように、形状全体の⑥**直線移動**（p.158参照）および、⑦**回転移動**（前項参照）を行ないます。

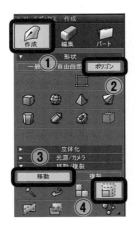

⑤ マウスをドラッグして均等に縮小

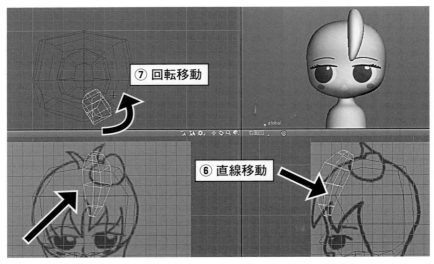

⑦ 回転移動

⑥ 直線移動

[4-7]「髪の毛」の作成

■「髪の毛」を「頭」の形に合わせる

頭の形状(ライン)に合うように、「側面図」で頂点の①**「回転移動」**および②**「直線移動」**を使って、下図のように編集します。
Enterキーを押して編集確定します。

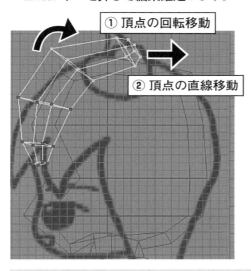
① 頂点の回転移動
② 頂点の直線移動

■「髪の毛」を増やす

前項で編集した「髪の毛モデル」をベースに、増やしていきます。
そこで、「**複製**」を行ないます。

ツールボックスから、「①**作成**、②**ポリゴン**、③**複製**、④**回転移動**」の順で選択します。「上面図」で⑤**マウスをドラッグ**すると複製されます。

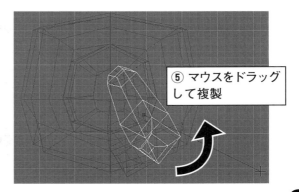
⑤ マウスをドラッグして複製

第4章 キャラクターモデリング

複製後の形状は、下図のように少し⑥下に移動させるのがポイントです。

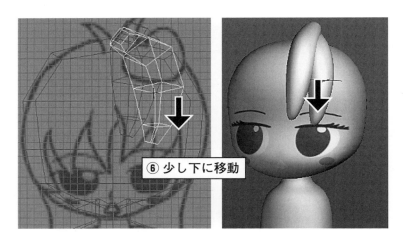

同様の⑦複製操作を、あと3回繰り返します。

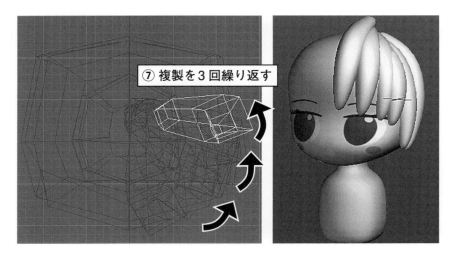

徐々に「髪の毛」らしくなってきましたね。

[4-7]「髪の毛」の作成

■ 側面～後側の髪の作成

「前髪」は同じ形状の「髪の毛モデル」を複製していました。

側面～後側にかけてはさらに、「髪の毛モデル」を①「均等拡大縮小」を使い拡大します(p.176参照)。

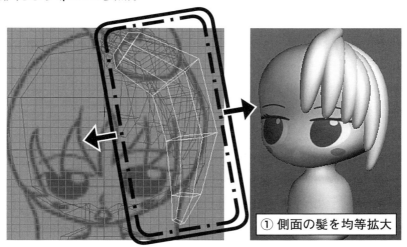

① 側面の髪を均等拡大

同様に、②「回転」による「複製」と、③「均等拡大」を繰り返すことで、「後ろ髪」まで作ります。

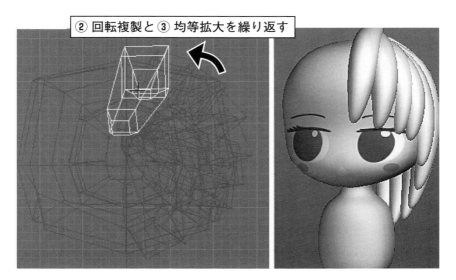

② 回転複製と③ 均等拡大を繰り返す

第**4**章 キャラクターモデリング

■「髪の毛」のミラー複製

ここまでで、「髪の毛」は顔の右半分が揃いました。これを「**ミラー複製**」し、左半分の「髪の毛」とします。

ブラウザから、これまで複製した①「髪の毛モデル」をすべて選択します。

ツールボックスから、「②**作成**、③**ポリゴン**、④**複製**、⑤**オブジェクトのコピー**」の順で選択。「正面図」で、⑥**中心線上を左クリック**します。

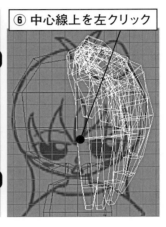

すると、「トランスフォーメーション」ウインドウが表示されるので、⑦「**拡大縮小**」の「**X軸**」の欄に「**-1**」を入力し、「**OK**」を押します。

すると、「髪の毛モデル」がミラー複製されます。

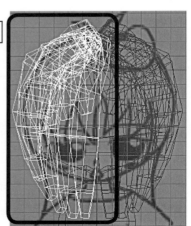

ミラー複製される

180

[4-7]「髪の毛」の作成

■「髪の毛」の仕上げ

次に、前髪の真ん中に空いている隙間に、①「髪の毛モデル」を1個複製して配置します。同様に②後ろ髪の真ん中にも1個複製して配置しました。さらに後ろ髪は③均等拡大しています。

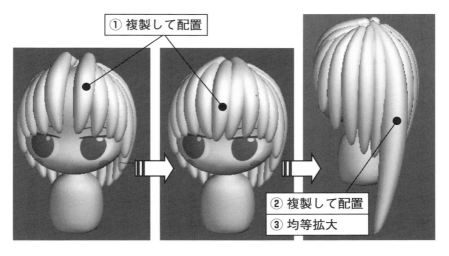

さらに、均等拡大した後ろ髪は下図のように、「頂点」を④「回転/直線移動」させて、髪の毛をカールさせます。

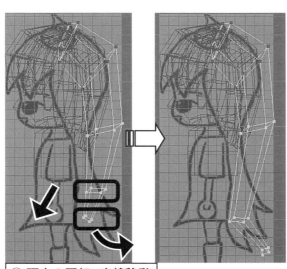
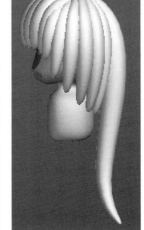

第4章 キャラクターモデリング

さらにこの後ろ髪を⑤**回転移動による複製**を行ないます。
ここでは**4回繰り返し**ています。複製後には、それぞれの髪に対して⑥**均等縮小**しています。

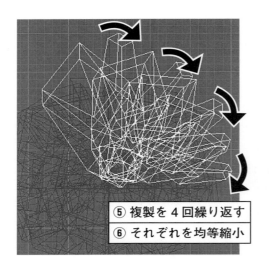

⑤ 複製を4回繰り返す
⑥ それぞれを均等縮小

前項と同じ手順で後ろ髪のうち、真ん中以外の4本を⑦**ミラー複製**します。
最後の仕上げに、「前髪」を2つ⑧**回転複製**し、⑨**均等縮小**したもの(いわゆる「アホ毛」)を頭のてっぺんに乗せます。以上で「髪の毛」の完成です。

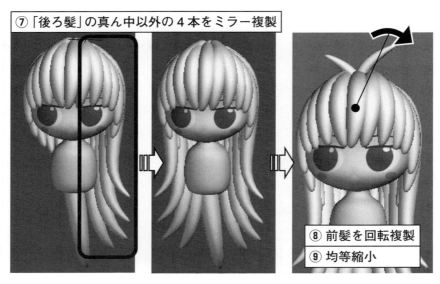

⑦「後ろ髪」の真ん中以外の4本をミラー複製

⑧ 前髪を回転複製
⑨ 均等縮小

[4-8]「服」の作成

ここでは「服」の作成方法を紹介します。

■ ブラウザの整理

作業に取り掛かる前に、ブラウザの中を整理します。

前章で大量に複製した「髪の毛」でブラウザの表示が一杯になっていると思います。

そんなとき、ツールボックスから、「①**パート**」「②**パート**」の順で選択します。

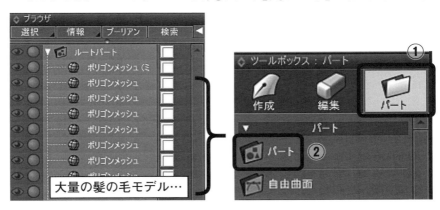

すると、ブラウザにパートが作られます。ブラウザで「髪の毛モデル」選択肢パートに③**ドラッグ＆ドロップ**することで入れることができます。

パートに④**名前を付ける**とすっきりと整理できます。

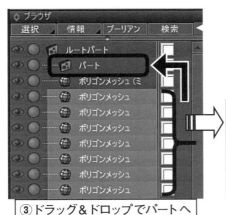

第4章 キャラクターモデリング

■「顔」を複製して「服」の素に

服は、顔モデルを複製し、それをベースにモデリングします。
①**ブラウザから顔モデルを選択**した状態で、**p.177**と同様の手順で②**複製の直線移動**を選択します。③**正面図の何もないスペース**を左クリックすると、位置や大きさはそのままに顔モデルが複製されます。

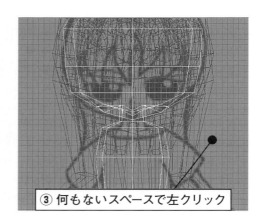

③ 何もないスペースで左クリック

元の「顔モデル」と「髪パート」は使わないので、ブラウザから④**目マークを左クリックし非表示**にします。

④ 目マークをクリックし、非表示に

[4-8]「服」の作成

■「首周り」の編集

ここで、頭部は不要のため削除します。①「頂点編集モード」にし、②頭部の「頂点」を選択します。③「Deleteキー」を押して頭部の「頂点」を削除します。

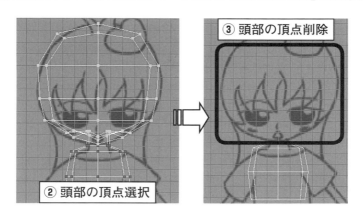

頭部が削除されると、首周りにぽっかりと穴が空きます。
次の編集の前にこの穴を塞ぐ必要があります。
そこで、「正面図」で④首周りの「頂点」を選択し、⑤右クリックして表示される⑥「面を張る」を選択することで、穴が塞がれます。

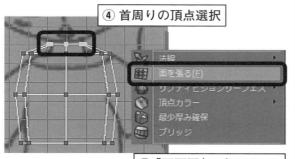
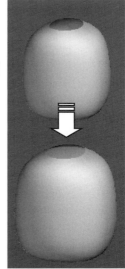

第4章 キャラクターモデリング

「襟元」をモデリングします。そこで、再び⑦首周りの「頂点」を選択します。⑧「面選択モード」にしてから、下図のように⑨面の「押し出し/ベベル」を2回実施します。

「押し出し/ベベル」については、p.166～169を参照してください。

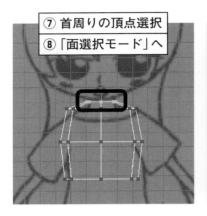
⑦ 首周りの頂点選択
⑧ 「面選択モード」へ

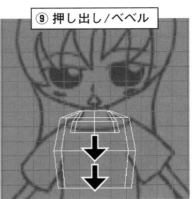
⑨ 押し出し/ベベル

「襟元」の形を整えるため、下図の手順で頂点の位置を編集します。

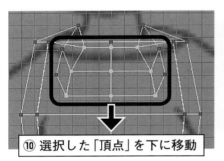
⑩ 選択した「頂点」を下に移動

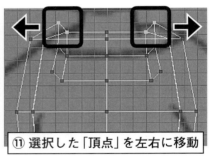
⑪ 選択した「頂点」を左右に移動

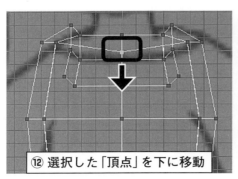
⑫ 選択した「頂点」を下に移動

「襟元」の出来上がり

[4-8]「服」の作成

■「服」を均等拡大

ブラウザから、①「顔モデル」を表示させます(手順はp.184と同様)。すると、服モデルは顔モデルにめり込んでいることが分かります。

そこで、下図のように②「服モデル」を均等拡大します(手順はp.176参照)。

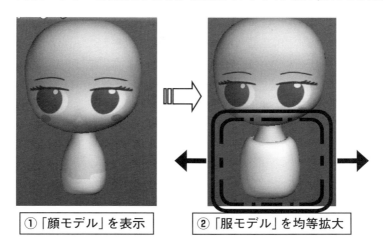

①「顔モデル」を表示　　②「服モデル」を均等拡大

■「スカート」部分の作成

「正面図」で下図に示す①「頂点」を選択し、②「面選択モード」にします。次に、③「押し出し/ベベル」を3回繰り返し、スカート形状になるよう押し出します。

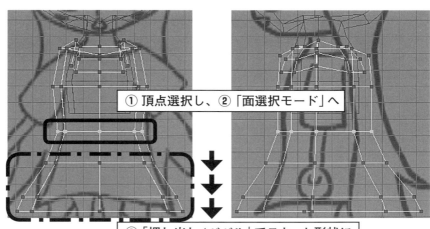

①頂点選択し、②「面選択モード」へ

③「押し出し/ベベル」でスカート形状に

■「服モデル」をミラーリング

次に、「手」を作るにあたって、「服モデル」を「ミラーリング」すると、片側のモデリングだけですむため効率的です。ミラーリング手順はp.156〜158を参考にしてください。

服モデルの①**左半分の「頂点」**を削除し、②ミラーリングします。

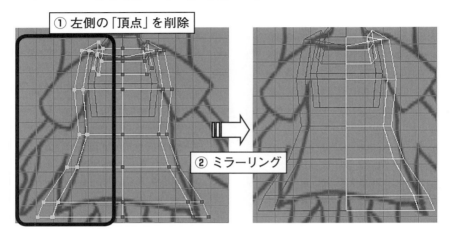

① 左側の「頂点」を削除
② ミラーリング

■「袖」の作成

「正面図」で下図の①**「頂点」**を選択し、②**「面選択モード」**にします。
次に③**「押し出し/ベベル」**で下図のように「袖」に当たる部分を押し出します。

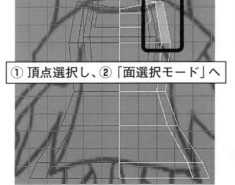

① 頂点選択し、②「面選択モード」へ

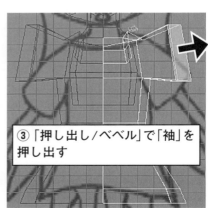

③「押し出し/ベベル」で「袖」を押し出す

[4-8]「服」の作成

■「袖」の形を整える

「側面図」を見ると、「服の幅」に対して「袖の幅」が大きく広がっていることが分かります。

そこで、「側面図」で、①「袖」の部分を縮小(p.161参照)します。

次に、「正面図」で②袖の端の「頂点」を選択します。

ツールボックスから③拡大縮小移動を選択し(p.161参照)、下図のように選択した頂点が一直線になるよう移動させます。

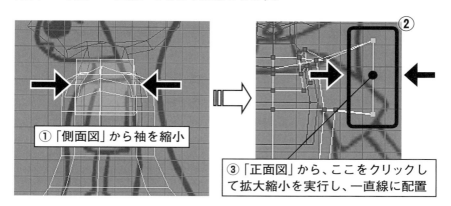

①「側面図」から袖を縮小

③「正面図」から、ここをクリックして拡大縮小を実行し、一直線に配置

「袖」に丸みをつけるために「頂点」を追加します。

「正面図」で下図のように④「頂点」を選択し、⑤「面選択モード」にします。

下図のように⑥袖の面を切断します(p.154参照)。

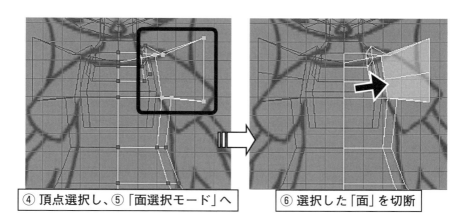

④ 頂点選択し、⑤「面選択モード」へ

⑥ 選択した「面」を切断

第4章 キャラクターモデリング

⑦「ろくろ」(p.160参照)を使って視点を回転し、下図に示す⑧「袖」の中央線上の頂点(7箇所)を選択します。

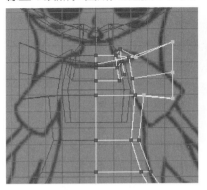
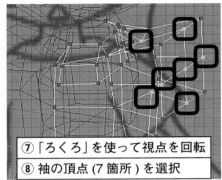

⑦「ろくろ」を使って視点を回転
⑧ 袖の頂点(7箇所)を選択

⑨「ろくろ」を解除します(p.160参照)。「正面図」で下図のように⑩均等に拡大を実行します。「正面図」で⑪「袖」の端の「頂点」を選択し、⑫「面選択モード」にします。⑬「押し出し/ベベル」を2回繰り返します。

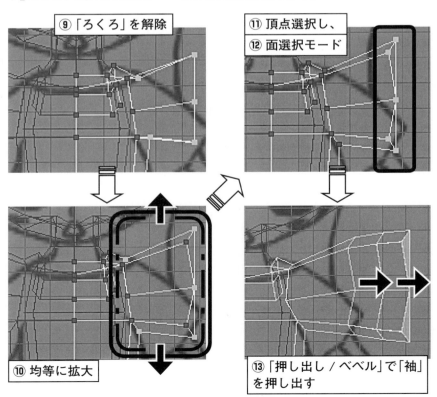

⑨「ろくろ」を解除
⑪ 頂点選択し、
⑫ 面選択モード
⑩ 均等に拡大
⑬「押し出し/ベベル」で「袖」を押し出す

[4-8]「服」の作成

■「服」を仕上げる

このままでは袖が大きすぎるため、**均等縮小**します。「正面図」で下図の
①**「頂点」を選択**します。②**「均等に縮小」**を実行します。

このとき、③**正面図の体の中心点を左クリック**し、縮小の起点とするのが
ポイントです。

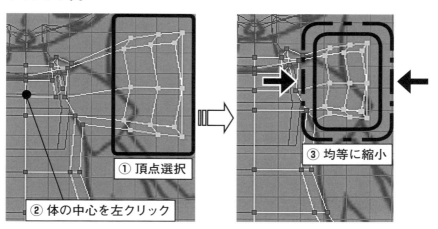

袖を斜め下に下げたポーズにして完成です。

「正面図」で下図の④**「頂点」**を選択します。⑤**「回転移動」**で「袖」が下図の
ようになるよう回転移動させます（**p.175**参照）。

このとき、下図のように⑥**「回転中心」を左クリックして指定**します。

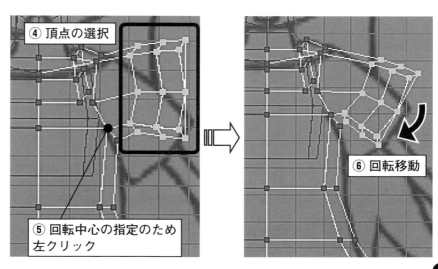

第4章 キャラクターモデリング

4-9 「腕」の作成

■「服」の複製～「腕」の素を作成

「服」を作ったことで下図左のようになっているはずです。

次に、「服」を複製し、腕の素を作成します。①ブラウザから「服モデル」を選択した状態で、②p.184と同様の手順で、位置や大きさはそのままの「服モデル」を複製します。

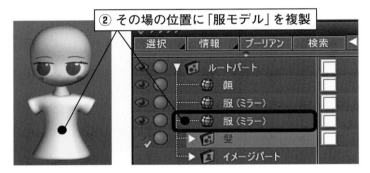

② その場の位置に「服モデル」を複製

複製した「服モデル」を「腕モデル」として編集します。

まずは、下図左のように③不要な「頂点」を選択し、④「Deleteキー」で削除します。次に、⑤腕モデル全体の「頂点」を選択し、⑥均等に縮小します。

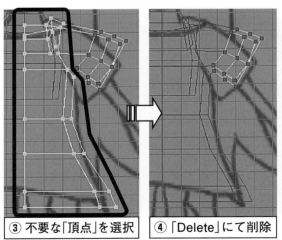

③ 不要な「頂点」を選択
④ 「Delete」にて削除

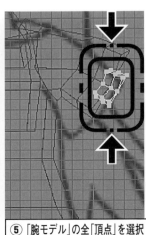

⑤ 「腕モデル」の全「頂点」を選択
⑥ 均等に縮小

[4-9]「腕」の作成

■ 押し出して「腕」を作成

p.188と同様の手順で①「押し出し/ベベル」を6回繰り返し、「腕」の形に押し出します。押し出した形状は、下図を参考にしてください。

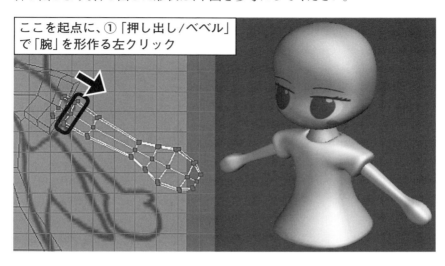

ここを起点に、①「押し出し/ベベル」で「腕」を形作る左クリック

押し出した「腕」は「上面図」で見ると手のひらの部分が太くなっています。そこで、上面図にて②頂点の縮小移動（p.161参照）を実行し、「手首」から「手のひら」にかけて平べったくします

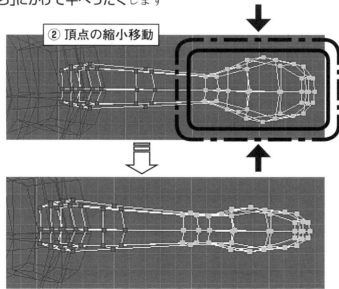

② 頂点の縮小移動

193

第4章 キャラクターモデリング

■「親指」の作成

本作例では、手の指は**「親指」のみ**をモデリングし、その他の指は省略したデフォルメ形状とします。モデリング手順は「親指」と同様ですので、本書を習得した後はぜひ他の指のモデリングも挑戦してみてください。

「正面図」で下左図の①**「頂点」**を選択し、②**「面選択モード」**にします。③**「押し出し/ベベル」**を2回繰り返して下右図のように親指を押し出します。

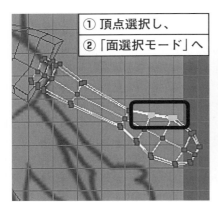
① 頂点選択し、
② 「面選択モード」へ

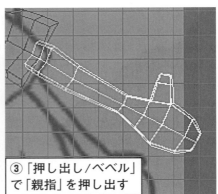
③「押し出し/ベベル」で「親指」を押し出す

④「親指」の先の「頂点」を選択します。⑤「頂点」の回転移動で、下右図のように指の向きを変更したら、「親指」の完成です。

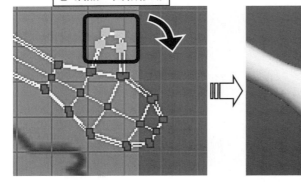
④ 頂点の回転移動

[4-10]「足」「ブーツ」の作成

4-10　　　「足」「ブーツ」の作成

■「直方体形状」から開始

「ブーツ」は「直方体形状」から始めます。p.154～156を参照し、①「直方体形状」を作成し、②「サブディビジョンサーフェイス」(角の丸め)を適用してください。

①「直方体形状」を作成
②「サブディビジョンサーフェイス」の適用

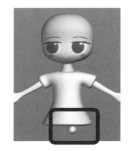

■「押し出し/ベベル」で「足」の形を作る

「直方体形状」の下面を①「押し出し/ベベル」を使って、下図のように「足」の形に押し出します。

下図では分かりやすいように「頂点選択モード」にしていますが、押し出し操作をするときは「面選択モード」に切り替えてください。

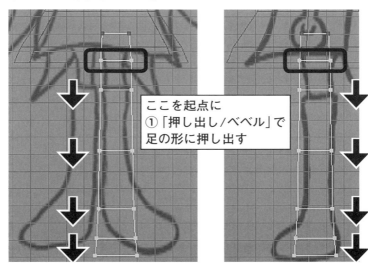

ここを起点に
①「押し出し/ベベル」で足の形に押し出す

195

第4章 キャラクターモデリング

次に、「つま先」部分も側面図より、下図のように②押し出します。

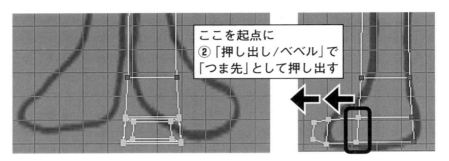

■「ブーツ足部」の仕上げ

さらに、足の「頂点」を下図のように移動させ、足の形を仕上げます。

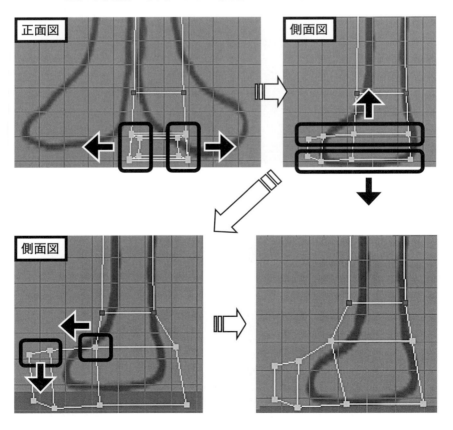

[4-10]「足」「ブーツ」の作成

■「足」(モモ) の作成

作成した「ブーツ」を基に、「足」(モモ) を作ります。

そこで、①「ブーツモデル」を複製し、「足モデル」とします。方法はp.192と同じです。複製した「足モデル」のうち、②下図の頂点は不要のため削除します。

頂点が削除されると、「足モデルの」端部には「面」ありません。そこで、③端部の「頂点」を選択し、面を張ります (方法はp.185参照)。

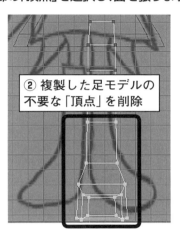

② 複製した足モデルの不要な「頂点」を削除

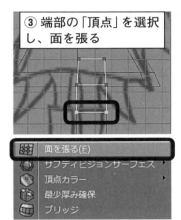

③ 端部の「頂点」を選択し、面を張る

■ ブーツと足の端部処理

「ブーツモデル」も①「足 (モモ) モデル」と重複する頂点は不要となるため、削除します。前項と同様の手順で足側の「頂点」を削除し、②「面」を張ります。

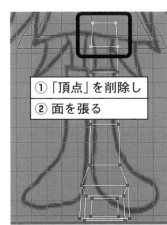

①「頂点」を削除し
② 面を張る

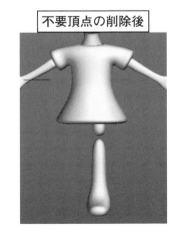

不要頂点の削除後

第4章 キャラクターモデリング

「ブーツ」と「足」の継ぎ目は丸まりすぎているため、それぞれ下図のように③端部の面を分割します（方法はp.154参照）。

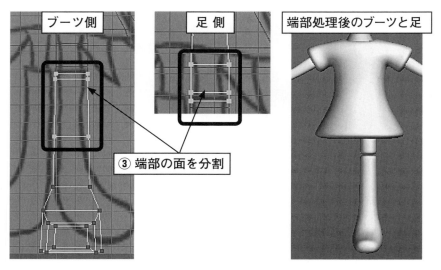

「足」と「ブーツ」の継ぎ目は、「ブーツ」のほうが大きい必要があります。そこで、④ブーツ全体を均等拡大（p.176参照）します。数値での表現は難しいですが、「5%～10%」程度です。

⑤「足」と「ブーツ」をミラーリング（p.157参照）し、仕上げに、足とブーツを外側に直線移動すると完成となります。

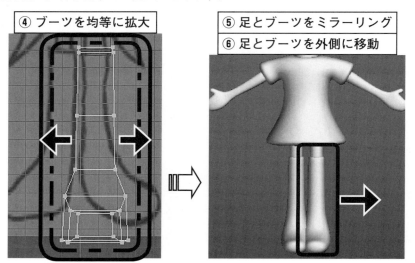

4-11 「髪飾り」の作成

最後にアクセントとして「髪飾り」を作ります。

本作例では「ハート型」としました。下図のように「頂点」を直線移動させながらハートの形状としています。

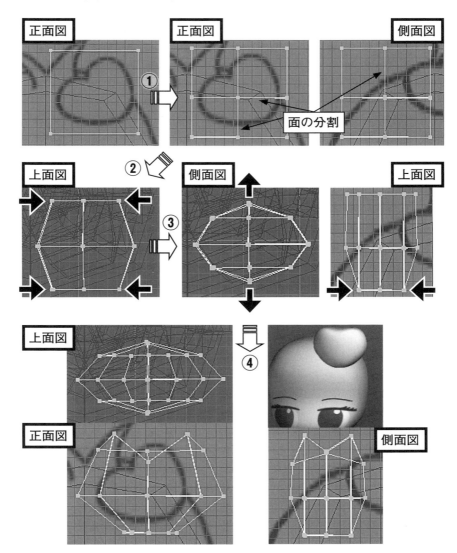

第4章　キャラクターモデリング

4-12　「表面材質」の設定

これまでモデリングしてきたモデルに、「色」(表面材質)を設定します。

 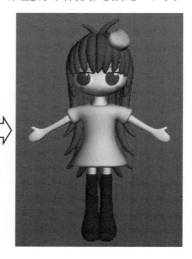

■「表面材質」の基本設定

「表面材質」は、総合パレットの①「表面材質」ウインドウより設定します。

本作例では最初に、各モデルの②「光沢1」「光沢2」の値を「0」になるようスライダを設定します。
光沢の効果については本書を習得後に、設定を変えて試してみることをお勧めします。

　　　　　　　＊
次に各モデルに色を設定します。
色は③「拡散反射」の行の四角エリアを左クリックすると設定できます。

[4-12]「表面材質」の設定

■ モデルへの色の割り当て

「拡散反射」の四角エリアを左クリックすることで、①**「色の設定」ウインドウ**が表示されます。

②**「色の設定」ウインドウ右下の欄に、各モデルに示す値を入力**することで、本書と同じ色を設定できます。カラーページで確認してください。

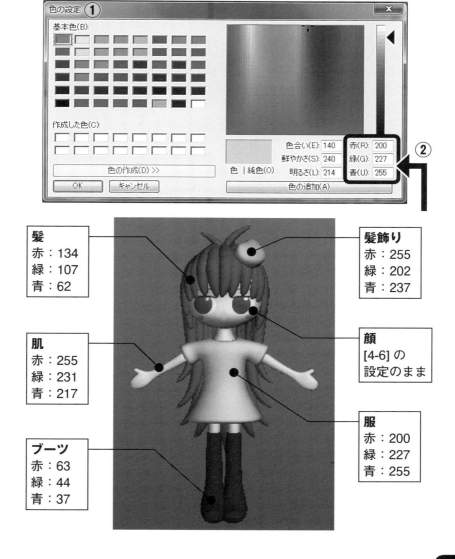

髪
赤：134
緑：107
青：62

髪飾り
赤：255
緑：202
青：237

肌
赤：255
緑：231
青：217

顔
[4-6] の
設定のまま

ブーツ
赤：63
緑：44
青：37

服
赤：200
緑：227
青：255

第4章 キャラクターモデリング

4-13 「ジョイント」の設定

　「キャラクターモデル」が出来上がったら、好きなポーズをつけたり、「アニメーション」をさせたりしたくなります。
　そこで、キャラクターを思い通り動かすためにジョイントを設定します。
　「ジョイント」とは、人間でいうところ関節に相当します。本章では「ジョイント」の設定方法について説明します。

■ ジョイントの種類

　主な「ジョイント」の種類を下表に示します。
　本書では、このうち、「回転ジョイント」と「ボールジョイント」の使い方を説明します。

ジョイント名	概要	使用例
直線移動	モデルを1方向に直線移動	車の走行。戸の開閉
回転	モデルを1方向に回転移動	肘・膝の動作 ドアの開閉
拡大縮小	モデルを1方向に拡大/縮小	成長/膨張の表現
ボールジョイント	モデルを自在に回転	肩・首の動作
パス	任意の線形上に沿って移動	車や電車の走行
変形	複数の形状間を、補完しながら切り替える	草木の成長 表情の変化
スイッチ	複数の形状を切替えて表示	信号の切り替わり

■「ジョイント」の使用例

　「肩」や「股関節」のように360度の回転動作が行なえる関節には「ボールジョイント」を使います。
　「ボールジョイント」を使うと、自由な回転動作ができます。

[4-13]「ジョイント」の設定

一方、「肘」や「膝」のように1方向にしか回転できない関節には「回転ジョイント」を使います。

あえて「肘」や「膝」にも「ボールジョイント」を使うことも、もちろん可能です。しかし、方向が決まっている場合は「回転ジョイント」のほうが、「ジョイント」のコントロールが楽になります。

■「ジョイント」の作成を行なう前に

後の作業を分かりやすくするために、ブラウザ中のモデルに名称をつけて、下図のように整理しましょう。

また、このとき下記の2点も実施します。

---

① 「服」「手」「足」は**ミラーリングの実体化**をする（**p.166**参照）。
② 「ブーツ」は、「**ミラーリング**」を解除し、**ミラー複製**する。
「ミラーリング」の解除は**p.157**中のミラーリングのチェックボックスを外す。
「ミラー複製」は**p.180**参照。

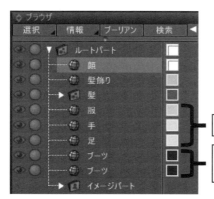

第4章 キャラクターモデリング

■「ジョイント」の作成 〜体幹・顔〜

「ジョイント」はツールボックスの**パート**を選択すると表示されます。
まずは**「体幹」**となる**「ボールジョイント」**(ホーム)を腰に設定します。

最初に、「ジョイント」の作成位置を指定します。
そこで、「側面図」でキーボードの①**「ctrlキー」を押しながらキャラクターの腰である中心付近を左クリック**します。
次に、②**ツールボックスから「ボールジョイント」を選択**します。
「正面図」で③**キャラクターのおへそ辺りを左クリック**します。
すると、「ボールジョイント」が作成されます。

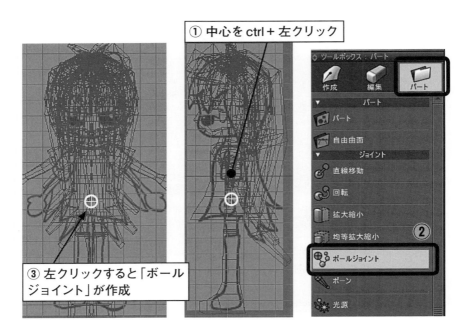

① 中心を ctrl + 左クリック

③ 左クリックすると「ボールジョイント」が作成

[4-13]「ジョイント」の設定

同様の操作で、下図のように「ボールジョイント」をさらに4個作ります。

ついでに、各ジョイントに名称もつけます。すると、ブラウザの階層と「正面図」のジョイントの関係は下図のようになります。

ここで、「顔-ゴール」という「ボールジョイント」があります。これはポーズをつける操作では使わないため、忘れがちなのですが、「ジョイント階層」の最下位に必ず必要となる「ダミージョイント」になります。

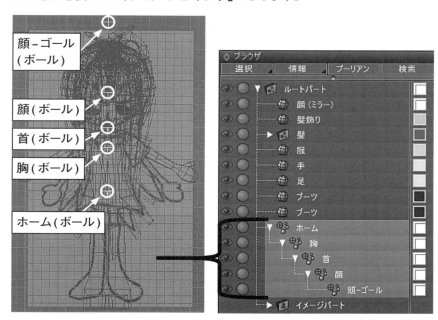

■「ジョイント」の作成 〜左腕〜

続けて、「左腕」の「ジョイント」を図①のように作ります。

「ジョイント」の「階層」および「名称」は図②に示すブラウザのようになります。

「胸ジョイント」の下階層に「左肩ジョイント」がある点がポイントです。図②と異なる階層になっている場合は、**ブラウザ内で各ジョイントをドラッグ&ドロップ**することで階層を自由に変更できます。

なお、「回転ジョイント」は図③のように、「上面図」で左クリックして作成した後、「正面図」で回転移動させることで図①のようになります。回転移動はp.175での頂点の回転移動と同様の手順です。

第4章 キャラクターモデリング

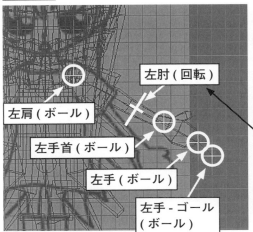

図①

左肩(ボール)
左肘(回転)
左手首(ボール)
左手(ボール)
左手-ゴール(ボール)

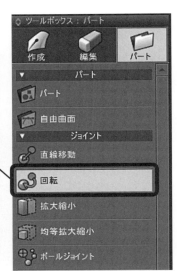

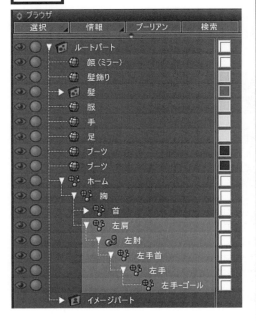

図②

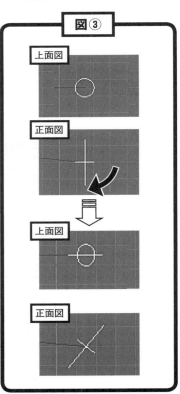

図③

上面図
正面図
上面図
正面図

[4-13]「ジョイント」の設定

■「ジョイント」の作成 〜右腕〜

ブラウザで「左肩ジョイント」を選択し、p.180と同様の手順で複製します。複製されたジョイント群の名称を「左」から「右」に変更することで「右腕」の「ジョイント」の完成です。

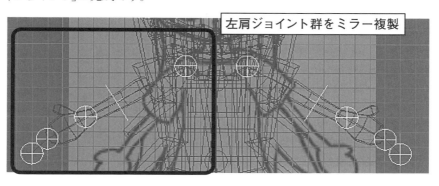

左肩ジョイント群をミラー複製

■「ジョイント」の作成 〜足〜

「左足」の「ジョイント」を、下図のように作ります。

次に、前項と同様に、「左足」の「ジョイント群」を「ミラー複製」し、「右足」の「ジョイント群」とします。

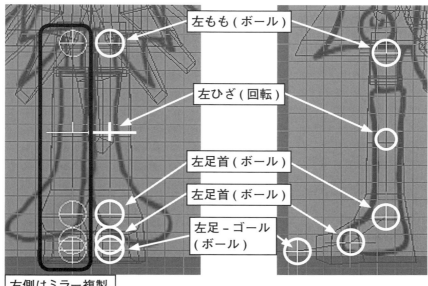

左もも (ボール)
左ひざ (回転)
左足首 (ボール)
左足首 (ボール)
左足 - ゴール (ボール)
右側はミラー複製

第4章 キャラクターモデリング

■「ジョイント」の完成

　以上で、すべての「ジョイント」の作成ができました。
　下図のような「ジョイント」の配置および「ブラウザ」の階層構造となっているでしょうか。
　下図と異なる順番になっている場合は、**ブラウザ内で各ジョイントをドラッグ＆ドロップ**することで、階層を自由に変更できます。

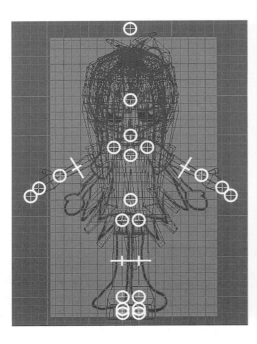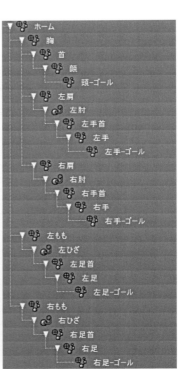

■「ジョイント」の関連付け ～バインド～

　「ジョイント」の動きと各モデルとを関連付けるために、「**バインド**」という操作を行ないます。
　「顔モデル」から試してみましょう。ブラウザにて「顔モデル」を選択し、**①すべての「頂点」を選択**します。
　メニューより「**②表示、③スキン**」の順番で選択します。

[4-13]「ジョイント」の設定

「スキン」ウインドウが表示されるので、④**「クラシック」を選択**します。

⑤**「バインド」ボタンを押す**と、顔モデルの各頂点にパラメータが割り振られます。バインド操作の具体的な効果を次項で説明します。

第4章 キャラクターモデリング

各頂点にパラメータが割り振られる

■「ジョイント」でモデルを動かす

「顔モデル」をバインドしたことで、ジョイントを使って操作できます。さっそく「顔モデル」を動かしてみましょう。

ブラウザから①**首ジョイントを選択**します。次に、**総合パレットにて②情報を選択**します。

下図のように、「オイラー角」の③**「Zスライダ」を左右に動かします**。すると、④**スライダの動きに連動して顔モデルも動きます**。「X,Y」のスライダについても、それぞれに連動して顔モデルが動きます。

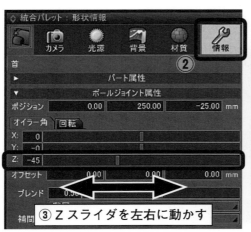
③ Zスライダを左右に動かす

④ スライダに連動して顔モデルが動く

ジョイント操作を解除したいときは、ブラウザ中の⑤**「ホームジョイント」を右クリック**し、⑥**すべての「ジョイント」をリセット**を選択します。

[4-13]「ジョイント」の設定

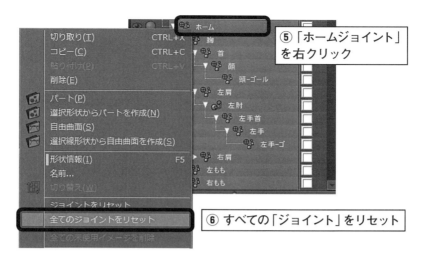

⑤「ホームジョイント」を右クリック

⑥ すべての「ジョイント」をリセット

■ すべてのモデルに対してバインドする

p.208の操作を参考に、①**すべてのモデルに対してバインド操作**を行ないます。「髪モデル」は、「髪パート」を選択してまとめてバインドできます。

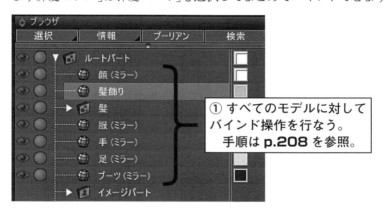

① すべてのモデルに対してバインド操作を行なう。手順は p.208 を参照。

■ バインドの修正

p.210と同じ手順で「**左肩ジョイント**」を動かしましょう。

ブラウザ中の①「**左肩ジョイント**」を選択します。②「**総合パレット**」の情報を選択し、③「**Zスライダ**」を動かします。

すると、④**左肩の動きに連動して「髪モデル」も動いてしまっています**。これは、「髪モデル」が「**左肩ジョイント**」の**影響を受けている**ためです。

第4章　キャラクターモデリング

④ 左肩の動きに連動して「髪モデル」も動いている

　「髪モデル」のすべてを「顔ジョイント」の動きにのみ連動させるには、**バインドの修正**をする必要があります。一度、**すべての「ジョイント」をリセット**します（p.210参照）。
　ブラウザから⑤**「髪パート」中のモデルを1つ選択**します。選択したモデルの⑥**すべての「頂点」を選択**し、⑦**「スキン」ウインドウ**を開きます。
　すると、右下図のように**左端の列がすべて黄色く塗りつぶされて表示**されます。これは、選択した頂点の項目が黄色く表示されるためです。

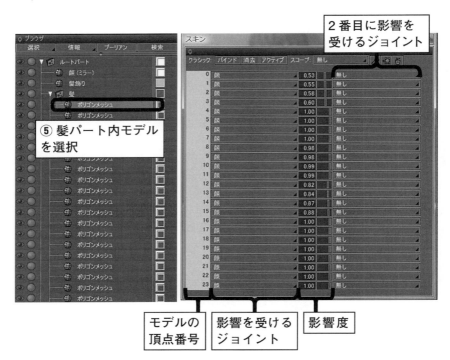

⑤ 髪パート内モデルを選択

2番目に影響を受けるジョイント

モデルの頂点番号　影響を受けるジョイント　影響度

[4-13]「ジョイント」の設定

　前図のように、モデルの各頂点にはそれぞれジョイントの影響が割り振られます。それを視覚的に表示するのが「スキン」ウインドウになります。
　「髪モデル」は顔の動きに完全に連動したいため、「顔ジョイント」に関連付けるのがポイントとなります。
　そこで、「スキン」ウインドウ内の⑧**いちばん上の「顔ジョイント」を左クリック**すると、ジョイント階層が表示されます。
　ここで、⑨**「顔ジョイント」を選択**します。すると、**すべての頂点に対して「顔ジョイント」が適用**されます。

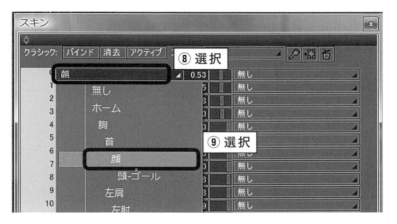

　次に、下図の⑩**スライダをいちばん右にスライド（値を「1」に）**します。すると、すべての頂点に対して顔ジョイントの影響度が「1」になります。

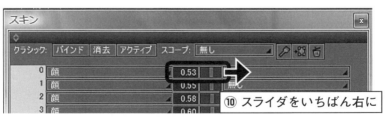

第4章 キャラクターモデリング

「髪モデル」の中には、下図のように、「足」や「肩」などの「ジョイント」に関連付けされているものがあります。

これらはすべて、⑪影響を受ける「ジョイント」を顔に、⑫影響度を「1」に、⑬2番目に影響を受ける「ジョイント」は「無し」にします。

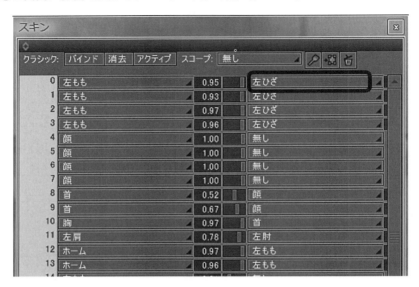

同様の操作を「髪パート」内のすべてのモデルに対して実施します。

[4-13]「ジョイント」の設定

本項の冒頭と同じ手順で⑭**「左肩ジョイント」を操作**してみましょう。
こんどは、髪は連動して動きませんでした。
また、すべてのジョイントをリセットした後で、⑮**首ジョイントを操作**すると、首の動きに連動して髪も動いています。

次に、「ブーツ」のバインドを修正します。
ブラウザから⑯**「ブーツ」(右足側)を選択**します。⑰**「頂点」の選択はすべて解除**します。
「スキン」ウインドウを開くと、「右足」関連のジョイントが表示されている中に、「左足」のジョイント名も混じっています。
これは、「右足モデル」の一部頂点が左足側のジョイントに近いために**バインドが適切に行なわれていない**ためです。⑱**「左」と名称の付いたすべてのジョイントを「右」名称のジョイントに変更**します。
[例] 左足首 → 右足首

第4章　キャラクターモデリング

同様の操作を、「ブーツ」(左足側)に対しても実施します。

＊

少し長くなってしまいましたが、以上で「バインド」の修正は完了です！

■ キャラクターのポージング

前項までで、「キャラクターモデル」への「ジョイント」の関連付けが完了しました。これで好きなポーズをとらせることができます。

操作したいジョイントをブラウザから選択し、「統合パレット」の「情報」から好きなポーズになるようジョイントを動かしましょう。

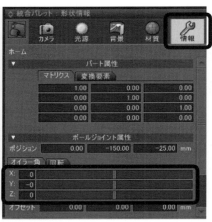

4-14 「レンダリングシーン」の設定

キャラクターのポーズまで完成したので、「レンダリング」に向けて最後の仕上げをします。

■「ステージ」の作成

まず、キャラクターを立たせる「床」(ステージ)をモデリングします。

ポリゴンで①**「直方体形状」を作り**(p.153参照)これをステージとします。

下図を参考に、**キャラクターより十分な大きさに編集します。**②**サブディビジョンサーフェイスも適用**します(p.154参照)。

「ステージ」の「表面材質」は、「**拡散反射**」を「**白色**」とし、「**光沢**」をすべて「**0**」とします(p.200参照)。

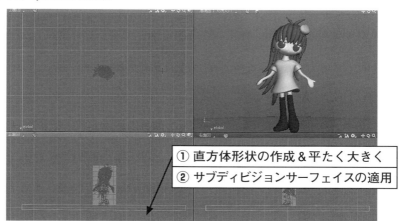

① 直方体形状の作成 & 平たく大きく
② サブディビジョンサーフェイスの適用

■「ライト」の設定

本作例では、リアリティのある「陰影」が表現できるライト表現となる、「**大域照明**」と呼ばれる、**背景を光源**とする手法を使用します。

「大域照明」の効果を分かりやすくするため、まず、「**無限遠光源**」は「**無し**」にします。①**「統合パレット」の「光源」**より、②**「明るさ」を「0」**に、③**「環境光」**も「**0**」にします。

次に、背景を光源とするため、④**「統合パレット」の「背景」を選択**します。⑤**「上半球基本色/下半球基本色」で「白色」を選択**。そして、⑥**「光源としての明るさ」を「2」**にします。

これで「ライト」の設定は完了です。

第4章 キャラクターモデリング

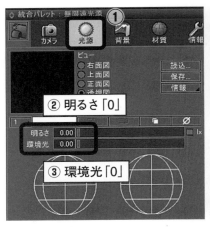
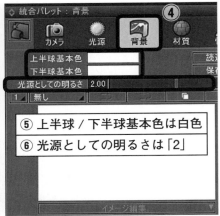

■「カメラ」の設定

レンダリング前の最後の作業は、「カメラアングル」の設定です。1章でのカメラ操作を参考に、好きな視点になるようにアングルを決めましょう。

同時にレンダリングする**画像のサイズ**(横と高さの寸法)も決めます。

「レンダリングサイズ」は、①**メニューの表示から「イメージウインドウ」**を選択し、下図のように**「横」と「高さ」の寸法を入力**します。

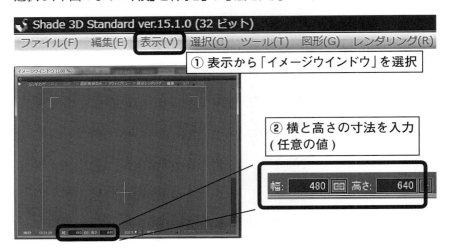

本作では「レンダリングサイズ」を「横480×高さ640pixel」としました。
すると、**「透視図」の薄いグレーの領域はレンダリングされません。**

[4-15] レンダリング〜作品の完成

4-15 レンダリング〜作品の完成

■「レンダリング」の設定

レンダリングの設定は、「イメージウインドウ」から行ないます。

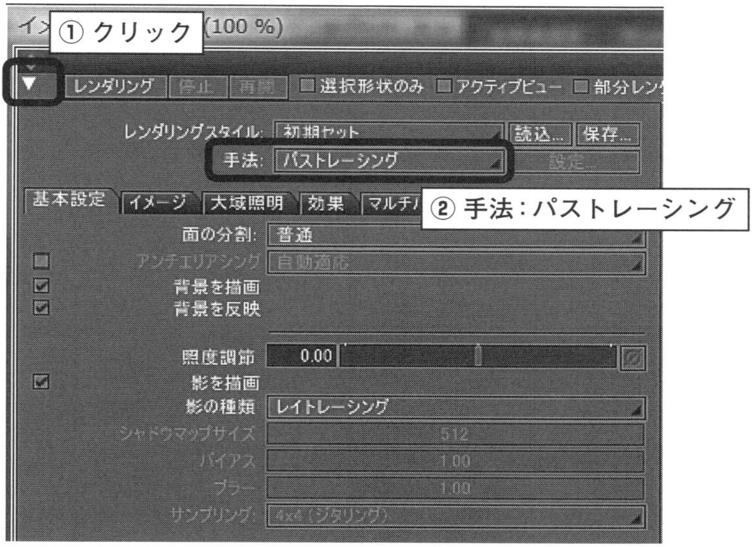

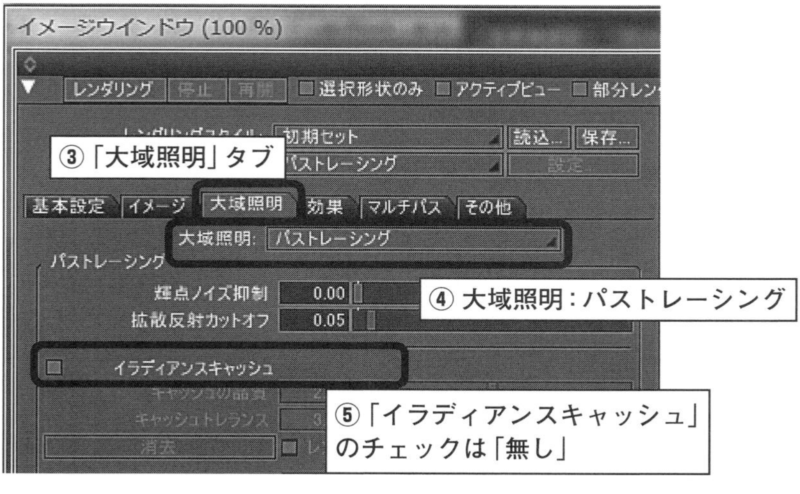

① クリック

② 手法：パストレーシング

③「大域照明」タブ

④ 大域照明：パストレーシング

⑤「イラディアンスキャッシュ」のチェックは「無し」

第4章 キャラクターモデリング

■ レンダリングの補正

さっそく「**レンダリング**」します。すると、下図の2点が気になります。

(A)「ノイズ」については、「**イメージウインドウ**」の**その他タブ**内にある①「**レイトレーシングの画質**」**の値を大きく**すると低減できます。

しかし、この値を大きくするとレンダリング時間も増大するため、試しにレンダリングするときは小さな値(「80」など)とし、最後に大きな値とするといいでしょう。

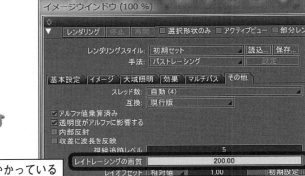

(A) 全体にノイズがかかっている
(B) 画像全体が暗い

① 「画質」の値を大きくする

(B)画面全体が暗い場合は、②「**色補正**」が有効です。「色補正」ウインドウはメニューの表示から選択します。明るさを調整するために、③**パラメータを設定**します。さらに、全体的に鮮やかさが不足していると感じられたため、カラーのパラメータにて、④**赤味をやや追加**しました。カラーページで確認してみてください。

パラメータの効果は自分なりに設定して違いを確認してみるとよいです。

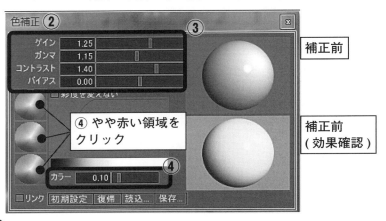

補正前

④ やや赤い領域をクリック

補正前
(効果確認)

[4-15] レンダリング〜作品の完成

もう一度レンダリングしてみましょう。

「ノイズ」も無くなり、「明るさ」や「コントラスト」も適切なイメージを得ることができました。

これで「キャラクターモデリング」は完成です。

本章の「キャラクターモデリング」では、「顔」の「目」や「口」はモデリングしておらず、「テクスチャ」で表現しています。

そのため、「顔」の「テクスチャ」を別のものに変更することで簡単に表情を変えることができます。

表情が変わると作品の幅も広がって楽しいので、オススメです。

索引

五十音順

あ行

- あ アンスムーズ ... 56
- い 色の設定 ... 201
  - 色補正 ... 220
  - インポート ... 136
- お 押し出し ... 166
  - オブジェクト・モード ... 53
  - オブジェクトカメラ ... 140

か行

- か 回転 ... 48
  - 回転ジョイント ... 202
  - 回転体 ... 60
  - 拡散反射 ... 85
  - 拡大縮小 ... 48
  - 影 ... 91
  - 影のソフトネス ... 97
  - 角の丸め ... 110
  - カメラ ... 49,140
  - 環境光 ... 92
- き 基本色 ... 84
  - 金属 ... 87
- く 屈折 ... 89
- け 形状編集モード ... 54
  - 形状を実体化 ... 166
  - 限界角度 ... 154
- こ 光源 ... 90
  - 光沢 ... 86
  - コントラスト ... 131
  - コントロールハンドル ... 52
  - コントロールポイント ... 52

さ行

- さ 材質設定 ... 40
  - サブディビジョン・サーフェイス ... 154
- し 視点 ... 141
  - 自由曲面 ... 40
  - ジョイント ... 202
- す ズーム ... 50
  - スクロール ... 50
- スポット ... 121
- スポットライト ... 95
- スムーズ ... 56
- せ 接線ハンドル ... 57
  - 切断 ... 155
  - 線形状 ... 51
  - 線光源 ... 98
- そ 掃引体 ... 57
  - ソフトネス ... 91

た行

- た 大域照明 ... 143
  - ダミージョイント ... 205
- ち 注視点 ... 141
  - 頂点 ... 154
  - 直線移動 ... 48
  - 直方体 ... 153
- つ ツールパラメータ ... 71
  - ツールボックス ... 43
- て テクスチャ ... 170
  - 照り返し ... 93
  - 点光源 ... 94
  - テンプレート ... 150
- と トゥーンレンダラ ... 103
  - 透視図 ... 46
  - 透明 ... 88
  - 閉じた線形状 ... 52
  - トランスフォーメーション ... 180
  - トリム ... 129

は行

- は パート ... 54
  - ハイライト ... 131
  - バインド ... 208
  - パストレーシング ... 102
  - パン ... 50,140
  - 反射 ... 87
  - バンプ ... 121
- ひ 表面材質 ... 83,200
  - 開いた線形状 ... 51
- ふ ブール演算 ... 134
  - 複製 ... 114
  - ブラウザ ... 62

	プレビューレンダリング……………… 88
へ	平行光…………………………………… 91
	ベベル…………………………………… 166
	編集モード……………………………… 53
ほ	ボールジョイント………………………202
	ポリゴン………………………………41,150

ま行

ま	マッピング………………………………117
	マニピュレータ………………………… 47
	マルチハンドル…………………………125
み	ミラーリング……………………………157
む	無限遠光源……………………………… 90
め	面光源…………………………………… 98
も	モデリング……………………………… 40
	モデリングライト……………………… 47

や行

よ	四面図…………………………………… 42

ら行

ら	ライティング…………………………… 40
	ライト…………………………………47,90
	ラップマッピング………………………127
り	リンク……………………………………138
れ	レイトレーシング………………………101
	レンダリング………………………40,100
ろ	ろくろ……………………………………160

わ行

わ	ワークスペースセレクタ……………… 42
	ワイヤフレーム……………………46,105

アルファベット順

CG……………………………………………… 40
OpenSubdiv……………………………………154
UV………………………………………………170

223

■著者略歴

●**加茂　恵美子**（かも・えみこ）
ディジタルイメージ会員
主婦業の傍ら、2000 年より「Metasequoia」や「Shade」などの 3D-CG
ソフトを独学で習得、Web を中心に作品を発表して現在に至る。
CG クリエイターとしての活動の他、絵が出るパズルの制作なども行なう。
　　　　　　　　　　　　＊
Web 上では「ぽん」というハンドルネームで活動中。
筆者 HP「ぽ～むぺーじ」：http://www.wildduck.jp/pom/
[著書]
Shade10.5 CG テクニックガイド
Shade11 CG キャラクターガイド
Shade11 CG 上級テクニックガイド
Shade12 CG テクニックガイド
Shade13 CG テクニックガイド
Shade 3D Ver.14 CG テクニックガイド
MetasequoiaCG テクニックガイド
Vue 風景 CG テクニックガイド　　　　　　　　　　　（以上、工学社）

●**sisioumaru**（ししおうまる）
メカニカルエンジニア兼 3D イラストレーター。
温かみと幸福感を感じてもらえるような絵作りを目指して活動中。

Shade とは「Ver.6」のころからの付き合い。
「3D プリント」に対応してからは、自前の 3D プリンタを導入してフィギュアの
造形やイベント出店も始めた。
イラストを元に 3D プリント用データを作成する業務も請け負っている。

[サイト] http://www8.plala.or.jp/sisioumaru/

質問に関して

本書の内容に関するご質問は、
①返信用の切手を同封した手紙
②往復はがき
③ FAX (03) 5269-6031
　（ご自宅の FAX 番号を明記してください）
④ E-mail　editors@kohgakusha.co.jp

のいずれかで、工学社 I/O 編集部宛にお願いします。
電話によるお問い合わせはご遠慮ください。

工学社ホームページ

サポートページは下記にあります。

http://www.kohgakusha.co.jp/

I/O BOOKS
Shade 3D ver.15 CG テクニックガイド

平成 28 年 1 月 25 日　初版発行　ⓒ 2016	著　者	加茂　恵美子 / sisioumaru	
	編　集	I/O 編集部	
	発行人	星　正明	
	発行所	株式会社工学社	
		〒160-0004 東京都新宿区四谷4-28-20　2F	
	電話	(03) 5269-2041(代) [営業]	
		(03) 5269-6041(代) [編集]	
※定価はカバーに表示してあります。	振替口座	00150-6-22510	

[印刷]　シナノ印刷（株）　　　　　　　　　　　　　　　　　　　　ISBN978-4-7775-1933-0